KÖNIGS ERLÄUTERUNGEN

Band 345

Textanalyse und Interpretation zu

Saša Stanišić

VOR DEM FEST

Thomas Möbius

Alle erforderlichen Infos für Abitur, Matura, Klausur und Referat
plus Musteraufgaben mit Lösungsansätzen

Zitierte Ausgabe:
Stanišić, Saša: *Vor dem Fest.* München: btb, 2015.

Über den Autor dieser Erläuterung:
Prof. Dr. phil. habil. Thomas Möbius, Studium der Germanistik/ev. Theologie/ Philosophie, Studienrat an einem Gymnasium in Mannheim und an der *German European School* in Singapur, Akademischer Oberrat an der Pädagogischen Hochschule Heidelberg, nach Professuren in Freiburg, Osnabrück, Greifswald und Aachen Professor für Germanistische Literaturwissenschaft und Literaturdidaktik an der Justus-Liebig-Universität Gießen.

Für Philipp

1. Auflage 2018
ISBN: 978-3-8044-2045-8
PDF: 978-3-8044-6045-4, EPUB: 978-3-8044-7045-3
© 2018 by Bange Verlag GmbH, 96142 Hollfeld
Alle Rechte vorbehalten!
Titelabbildung: © picture alliance / Reiner Bernhardt
Druck und Weiterverarbeitung: Tiskárna Akcent, Vimperk

4. REZEPTIONSGESCHICHTE

5. MATERIALIEN

1. DAS WICHTIGSTE AUF EINEN BLICK – SCHNELLÜBERSICHT

Damit sich jeder Leser in unserem Band rasch zurechtfindet und das für ihn Interessante gleich entdeckt, hier eine Übersicht:

Im zweiten Kapitel werden das Leben von Saša Stanišić und der zeitgeschichtliche Hintergrund beschrieben:

⇨ S. 11 ff.

→ Saša Stanišić wurde 1978 in Višegrad (Bosnien) geboren. Er studierte Slawistik und Deutsch als Fremdsprache in Heidelberg und publizierte noch während des Studiums im Jahre 2001 seine erste Erzählung. Sein erster Roman *Wie der Soldat das Grammofon repariert* erschien 2006.

⇨ S. 14 ff.

→ Die Zeit war in den 1990er Jahren politisch geprägt durch den Zerfall der Sowjetunion, die Wiedervereinigung Deutschlands und die zunehmenden ethnischen Konflikte zwischen den einzelnen Volksgruppen des zerfallenden Jugoslawien. Die Diskussion über das ökonomische, politische und kulturelle Zusammenwachsen der alten und der neuen Bundesländer prägte den öffentlichen Diskurs in den 1990er und den 2000er Jahren.

→ Der Roman *Vor dem Fest* wurde 2014 veröffentlicht. Er ist als multiperspektivischer Montagetext konzipiert, der verschiedene Textsorten enthält und verschiedene Handlungsstränge wiedergibt, die in einem Zeitraum von 24 Stunden spielen. Mit dieser formalen Eigenart weist der Roman eine Parallele zu dem berühmten Vorläufer dieser Erzählweise, dem Roman *Ulysses* von James Joyce, auf, der ebenfalls multiperspektivisch und mit Hilfe verschiedener Textgattungen Handlungen eines einzigen Tages festhält.

Im dritten Kapitel bieten wir eine Textanalyse und -interpretation.

Entstehung und Quellen:

Stanišić hat für seinen Roman die Geschichten einiger Gemeinden in Ostdeutschland sowie deren Alltag am Beginn des 21. Jahrhunderts recherchiert und das Ergebnis mit Erzählungen und Beobachtungen aus Bosnien verknüpft.

⇨ S. 20 ff.

Inhalt:

Erzählt werden Ereignisse und Figurenbiografien, die alle mit dem fiktiven Dorf Fürstenfelde in einem Zusammenhang stehen. Den Handlungsrahmen bilden die Vorbereitungen zum alljährlichen Annenfest.

⇨ S. 23 ff.

Chronologie und Schauplätze:

Der Roman spielt in dem fiktiven Fürstenfelde in Brandenburg in der Gegenwart. Die erzählte Zeit reicht durch Analepsen bis zum Jahre 1587 bzw. bis in die nicht genau datierbare Zeit der Entstehung des Dorfes zurück; Erzählgegenwart sind Abend und Nacht vor dem alljährlich im Herbst stattfindenden Annenfest.

⇨ S. 65 ff.

Personen:

Die Hauptpersonen sind

Robert „Lada" Zieschke:

⇨ S. 75 ff.

→ sein Spitzname rührt daher, weil er als Dreizehnjähriger mit dem Lada seines Großvaters nach Dänemark gefahren ist
→ aggressiv gegenüber Fremden, verteidigt Familie, hilft beim Entrümpeln der Häuser

⇨ S. 78 f.

Johann Schwermuth:
→ 16 Jahre alt, Auszubildender im Einzelhandel (2. Lehrjahr)
→ verantwortlich für das Glockenläuten, liebt Hip-Hop und Fantasy-Rollenspiele

⇨ S. 79 ff.

Johanna Schwermuth:
→ leitet „Haus der Heimat", Mitglied des Geschichtsvereins, befasst sich intensiv mit der Geschichte des Dorfes
→ leidet unter Depressionen und paranoiden Zwangsvorstellungen, ist wegen ihres Übergewichts nicht sehr beweglich, zumal alle Bemühungen zur Gewichtsreduktion scheitern
→ kann nicht gut singen, dafür aber sehr eindrucksvoll vorlesen

⇨ S. 75 ff.

Suzi:
→ ist stumm, Freund von Lada, angelt gern
→ seine Haut weist Tätowierungen auf, er ist mit Magdalene von Blankenburg befreundet

⇨ S. 87 ff.

Füchsin:
→ möchte für ihre fast erwachsenen Welpen Eier stehlen
→ schleicht sich bis zu den Hühnern von Dietmar Dietz und stiehlt erfolgreich Eier aus der Eierbox
→ bei ihrer Rückkehr sind die Welpen verschwunden, die Spuren legen nahe, dass sie vom Wolf getötet worden sind

⇨ S.82 ff.

Wilfried Schramm:
→ Rentner, ehemaliger Oberstleutnant bei der NVA, Förster, arbeitet schwarz im Betrieb von „Von Blankenburg Landmaschinen"
→ geschieden, ohne Kinder
→ kritische Haltung gegenüber Fernsehsendungen

→ versucht vergeblich, sich das Leben zu nehmen, Anna hindert
  ihn daran und verbringt die halbe Nacht mit ihm im Auto
→ trifft beim Versuch, den Zigarettenautomaten aufzubrechen,
  Frau Mahlke von einer Partnervermittlung wieder

Ana Kranz: ⇨ S. 85 f.

→ Malerin, wird wenige Tage nach dem Annenfest 90 Jahre alt, vor
  1945 aus dem Banat/Jugoslawien in die Uckermark geflohen,
  malt ausschließlich Fürstenfelde und die Gegend
→ will anlässlich des Festes ein Nachtbild des Dorfes anfertigen,
  das aber misslingt

Anna Geher: ⇨ S. 84 f.

→ 18 Jahre alt, Abiturientin, wird das Dorf verlassen und in Rostock
  Schiffstechnik studieren
→ macht sich um Mitternacht auf, um joggen zu gehen
→ begegnet Herrn Schramm und will ihn vor dem Suizid
  bewahren
→ bereut es, ihre Kindheit in Fürstenfelde verbracht zu haben

Neben diesen Hauptpersonen tritt auch eine Vielzahl von Neben-
personen auf.

Stil und Sprache:

Der Roman ist durch sein Montageprinzip gekennzeichnet, das   ⇨ S. 97 ff.
mosaikartig ein Geflecht aus verschiedenen Erzählungen entwirft.
Die Analepsen sind dabei häufig gekennzeichnet durch die Nachahmung einer altertümlichen, an das Frühneuhochdeutsche erinnernden Sprache.

| Interpretationsansatz: |

⇨ S. 103 ff.

Vor dem Fest lässt sich als ein Werk lesen, das am Beispiel des kleinen Dorfes Fürstenfelde beschreibt, wie Menschen trotz widriger
Umstände ihr Leben meistern und an nachfolgende Generationen
weitergeben (Motto: „Omne solum forti patria est.").

2.1 Biografie

2. SAŠA STANIŠIĆ: LEBEN UND WERK

2.1 Biografie

JAHR	ORT	EREIGNIS	ALTER
07. März 1978	Višegrad (Bosnien)	Geburt	0
1992	Heidelberg	Flucht mit der Familie nach Heidelberg	14
1997	Heidelberg	Abitur an der Internationalen Gesamtschule	19
1997–2004	Heidelberg	Studium der Slawistik und des Deutschen als Fremdsprache an der Ruprecht-Karls-Universität	19–26
2001	Heidelberg	Beginn der Publikationstätigkeit mit der Erzählung *In Silence I Trust*	23
2004	Leipzig	Studium am Deutschen Literaturinstitut	26
2005/06	München	Stipendienaufenthalt in der Villa Waldberta	27
2006	Ahrenshoop	Stipendienaufenthalt im Künstlerhaus Lukas	28
2006	München	Debütroman *Wie der Soldat das Grammofon repariert*	28
2006	Bosnien	Grenzgänger-Stipendium der Robert Bosch Stiftung (Recherche-Reise)	28
2006/07	Graz	Tätigkeit als Stadtschreiber	28
2007	Iowa City/ USA	Max-Kade-Stipendium am *International Writing Program* der University of Iowa	29
2013	Mannheim	Feuergriffel-Stadtschreiber-Stipendium für Kinder- und Jugendliteratur	35
2014	München	Zweiter Roman **Vor dem Fest**	36
2016	München	*Fallensteller* (Erzählungen)	38

Saša Stanišič
(* 1978)
© picture
alliance / dpa

2.1 Biografie

Saša Stanišić wurde 1978 in Višegrad geboren, das heute zu Bosnien-Herzegowina gehört, damals aber noch zum Vielvölkerstaat
Jugoslawien zählte; Stanišić verbrachte seine Kindheit in Jugoslawien. Višegrad liegt – strategisch günstig – in der heutigen bosnischen *Republika Srpska* nahe an der Grenze zu Serbien. Zu Beginn
des Jugoslawienkriegs im Jahre 1992 war es Schauplatz eines eth-
nisch begründeten Völkermordes: Serbische Einheiten töteten oder
vertrieben alle nicht-serbischen Einwohner. Selbst im Jahre 2017
beträgt die Bevölkerungszahl nur noch rund die Hälfte des Standes
von 1991, es handelt sich überwiegend um Serben. Saša Stanišić
floh mit seiner Familie nach Deutschland; in seinem Debütroman
Wie der Soldat das Grammofon repariert (2006) hat der Autor den
Krieg in Višegrad literarisch verarbeitet.

Erste Schreibver-
suche während
der Schulzeit

Die Familie siedelte sich im Jahre 1992 in Heidelberg an, wo er die
„Internationale Gesamtschule" besuchte und nach dem Abitur an
der dortigen Universität studierte. Schon während seiner Schulzeit
begann er mit ersten Schreibversuchen, sein Wunsch, Schriftsteller
zu werden, entwickelte sich dann während des Studiums in zuneh-
mend konkreten Formen. Nach dem Abitur im Jahre 1997 studierte
er Slawistik und Deutsch als Fremdsprache an der Ruprecht-Karls-
Universität in Heidelberg.

Noch während seines Studiums schrieb und veröffentlichte er
erste Texte, die Erzählung *In Silence I Trust* erschien 2001 in der
Zeitschrift „Krachkultur" (9/2001). 2006 debütierte er mit dem in
Bosnien spielenden Roman *Wie der Soldat das Grammofon repariert*.
2014 folgte der Roman *Vor dem Fest*, der sich in Fürstenfelde, einem
fiktiven Dorf in Brandenburg, zuträgt. Daneben veröffentlichte er
eine Reihe von Erzählungen in dem Band *Fallensteller* (2016). Einige
seiner Erzählungen und die beiden Romane sind zudem in einer
Hörspielversion erschienen.

2.1 Biografie

Stanišić zeichnete 2005 als Gründungsmitglied von *OULIPO* (*Ouvroir de Littérature Potentielle*) in Deutschland; diese Vereinigung, die 1960 in Paris gegründet wurde und zu der berühmte Schriftsteller wie Raymond Queneau, Italo Calvino und Oskar Pastior zählten, hatte es sich zum Ziel gesetzt, die literarische Kreativität durch selbst gegebene Regeln oder Formvorgaben zu steigern. Berühmt geworden ist beispielsweise Raymond Queneaus *Hunderttausend Milliarden Gedichte* (1961): Die zehn Sonette lassen sich in einem Klappbuch Vers für Vers beliebig kombinieren, rein rechnerisch entstehen so hunderttausend Milliarden Gedichte, für deren Lektüre man rund 90 Millionen Jahre bräuchte.

Stanišićs bislang noch recht schmales literarisches Werk ist überaus erfolgreich. Stanišić wurde mehrfach durch Stipendienaufenthalte geehrt, er erhielt zudem zahlreiche angesehene literarische Preise, so beispielsweise den Adelbert-von-Chamisso-Preis[1] (2008), den Preis der Leipziger Buchmesse (2014) und den Rheingau-Literaturpreis (2016).

Heute lebt und arbeitet er in Hamburg.

---

1   Der Adelbert-von-Chamisso-Preis wurde 1984 von der Robert Bosch Stiftung als Literaturpreis für Autoren nichtdeutscher Muttersprache eingerichtet und wird von der Bayerischen Akademie der Schönen Künste verliehen.

2.2 Zeitgeschichtlicher Hintergrund

2.2 Zeitgeschichtlicher Hintergrund

ZUSAMMEN-
FASSUNG

In diesem Kapitel wird der zeitgeschichtliche Hintergrund von Saša Stanišić beleuchtet, der zum Teil auch als politischer Hintergrund der Handlung in *Vor dem Fest* genommen werden kann.

Wichtig für den Zeitraum von den 1970er Jahren bis heute:

→ Politisierung aller Lebensbereiche in den 1970er und 1980er Jahren

→ Wiedervereinigung in den 1990er Jahren

→ Auseinandersetzung mit den ökonomischen, gesellschaftlichen, kulturellen und politischen Folgen der Wiedervereinigung seit den 1990er Jahren

→ Ereignisse im Ausland, vor allem die Bürgerkriege im ehemaligen Jugoslawien zwischen 1991 und 2001 und die Bedrohung durch islamistische Terroranschläge seit 2001 beeinflussen die deutsche Innenpolitik.

Die 1980/90er Jahre in Ost- und Südosteuropa

Stanišić wurde im ehemaligen Jugoslawien geboren und absolvierte dort in den 1980er Jahren die ersten Schuljahre. Die 1980er Jahre waren geprägt durch die allmähliche Auflösung der Sowjetunion und der mit ihr verbündeten osteuropäischen Staaten. Das Auseinanderfallen des Vielvölkerstaates Jugoslawien in der Folge ökonomischer und ethnischer Konflikte vollzog sich ab 1991 mit großer Brutalität, die Konflikte entluden sich in Kriegen zwischen Kroaten, Serben, Bosniaken und Albanern. Višegrad, das 1991 noch rund 21.000 Einwohner zählte (davon etwas zwei Drittel Bosniaken und ein Drittel Serben), wurde im April 1992 zunächst vom serbischem Militär angegriffen, der Angriff konnte aber durch die Jugoslawi-

2.2 Zeitgeschichtlicher Hintergrund

sche Volksarmee zurückgeschlagen werden; nach dem Rückzug der Armee im Mai 1992 kehrten die serbischen Einheiten zurück und vertrieben oder töteten Angehörige anderer Ethnien, überwiegend Bosniaken. Heute leben in Višegrad noch rund 12.000 Menschen, überwiegend Serben.

Die kriegerischen Auseinandersetzungen auf dem Territorium des ehemaligen Jugoslawien zogen sich über zehn Jahre hin, sie lassen sich unterteilen in den relativen kurzen Krieg in Slowenien (1991), den Krieg in Kroatien und Bosnien (1991–1995), den Kosovokrieg (1999) sowie den Aufstand der Albaner in Mazedonien (2001). Nach und nach erlangten Slowenien (1991), Kroatien (1991), Mazedonien (1991) und Bosnien-Herzegowina (1992) ihre Autonomie. Die Kriegsverbrechen, die in diesen Jahren begangen wurden, beschäftigten von 1993 bis 2017 den Internationalen Strafgerichtshof für das ehemalige Jugoslawien in Den Haag: So wurde im Rahmen der zahlreichen Verfahren etwa auch Milan Lukić verurteilt, der als Anführer der „White Eagles", einer paramilitärischen serbischen Einheit, über 60 bosnische Muslime in Višegrad erschoss. Auch in Deutschland, in das Stanišić zu Beginn der 1990er Jahre floh, waren die Auswirkungen des Auseinanderfallens der kommunistischen Staaten zu spüren. *(Zerfall von Jugoslawien in den 1990er Jahren)*

Die 1980er Jahre waren in der Bundesrepublik zunächst durch den **Regierungswechsel** von der sozial-liberalen zur christlich-liberalen Koalition von CDU und FDP unter Führung von Helmut Kohl gekennzeichnet. Die Opposition gegen den sogenannten „Nato-Doppelbeschluss" 1979 (Erweiterung der nuklearen Mittelstreckenwaffen in Westeuropa) und ein zunehmendes ökologisches Bewusstsein führten zur Gründung zahlreicher Bürgerinitiativen, Friedens- und Umweltschutzbewegungen sowie alternativer politischer Gruppierungen. Bei der Bundestagswahl 1983 zog erstmals die 1980 gegründete Partei „Die Grünen" in den Bundestag ein. *(Die 1980er Jahre in Deutschland)*

2.2 Zeitgeschichtlicher Hintergrund

Die **Neuausrichtung der sowjetischen Politik**, die der neue Parteichef Michail Gorbatschow mit den Schlagworten „Perestroika" (Umgestaltung, Umbau) und „Glasnost" (Transparenz, Offenheit) betrieb, führte zusammen mit dem gewaltlosen Widerstand der DDR-Bürger 1989 zur Öffnung der Grenze zwischen den beiden deutschen Staaten (09. 11. 1989) und im Jahr darauf zur offiziellen Wiedervereinigung (03. 10. 1990).

Die 1990er Jahre in Deutschland

Die 1990er Jahre wurden dann außenpolitisch bestimmt durch die Neudefinition der Rolle, die **das wiedervereinigte Deutschland** in Europa und der Welt spielen sollte (Beteiligung an Kampfeinsätzen der NATO, Diskussion über einen ständigen Sitz im UN-Sicherheitsrat). Insbesondere die rot-grüne Regierung unter Bundeskanzler Gerhard Schröder trug durch die Entscheidung für den ersten Kampfeinsatz deutscher Soldaten nach dem Zweiten Weltkrieg (Kosovo-Einsatz 1999) zu der **Neubestimmung der Rolle Deutschlands** bei. Diese Politik wurde von der seit 2005 regierenden Großen Koalition unter der Führung von Bundeskanzlerin Angela Merkel fortgesetzt. Innenpolitisch waren die Anstrengungen darauf gerichtet, die kulturelle und materielle Überwindung der Teilung und den Aufbau der neuen Bundesländer voranzutreiben.

2.3 Angaben und Erläuterungen zu wesentlichen Werken

2.3 Angaben und Erläuterungen zu wesentlichen Werken

Saša Stanišić hat außer seinen beiden sehr erfolgreichen Romanen *Wie der Soldat das Grammofon repariert* (2006) und *Vor dem Fest* (2014) eine Reihe von Erzählungen publiziert und ist für viele seiner Werke mit Preisen ausgezeichnet worden.

ZUSAMMEN-
FASSUNG

Werkübersicht

2005	*Träum! Traum, Traumata* [Erzählung und Hörspiel, Regie: Marlene Breuer]
2005	*Doppelpunktnomade* [Essay]
2006	*Wie der Soldat das Grammofon repariert* [Roman und Hörspiel, Regie: Leonhard Koppelmann, Musik: Merima Kljuco]
2014	*Vor dem Fest* [Roman]
2015	*Vor dem Fest* [Hörspiel, Regie: Judith Lorentz, Musik: Lutz Glandien]
2016	*Fallensteller* [Erzählungen]
2017	*Georg Horvath ist verstimmt* [Hörspiel, Regie: Oliver Sturm, Musik: Andreas Bick]

Saša Stanišić hat außerdem eine Reihe von kleineren Erzählungen publiziert: *In Silence I Trust* (2001), *Zinke* (2002), *get done: strippen, kajal* (2002), *Wie Selim Hadžihalilović zurückgekehrt ist, …* (2003), *Heinz Harald Frentzen hat Schnupfen* (2003), *Billard Kasatschok* (2005), *Äcki spielt auf für die Jungs und Petra, den Funker* (2005), *Was wir im Keller spielen …* (2005), *Hai Nuun in Veletovo* (2005), *Zwei Anweisungen für Strukturstabilität, jeweils mit Beispie-*

2.3 Angaben und Erläuterungen zu wesentlichen Werken

len, dazu zwei kleinere Erledigungen (2005), *George W. mit Mikimaus-Ohren* (2007).

Der Blog von Saša Stanišić ist unter http://www.kuenstlicht.de/ erreichbar.

Preise und Auszeichnungen

2004	Jürgen-Fritzenschaft-Preis der Universität Heidelberg
2005	Kelag-Preis zum Bachmann-Wettbewerb
2005/06	Stipendienaufenthalt in der Villa Waldberta/München
2006	Stipendienaufenthalt im Künstlerhaus Lukas/Ahrenshoop
2006	Grenzgänger-Stipendium der Robert Bosch Stiftung (Recherche-Reise in Bosnien)
2006/2007	Stadtschreiber in Graz
2007	Literaturpreis der Stadt Bremen für *Wie der Soldat das Grammofon repariert*
2007	Max-Kade-Stipendium am *International Writing Program* der University of Iowa
2006	Preisträger des Heinrich-Vetter-Wettbewerbs
2008	Förderpreis zum Heimito-von-Doderer-Preis
2008	Adelbert-von-Chamisso-Preis
2013	Hohenemser Literaturpreis für deutschsprachige Autoren nicht-deutscher Muttersprache Alfred-Döblin-Preis des Literarischen Colloquiums Berlin
2013	Feuergriffel-Stadtschreiber-Stipendium für Kinder- und Jugendliteratur in Mannheim
2014	Preis der Leipziger Buchmesse
2016	Rheingau-Literaturpreis
2017	Schubart-Literaturpreis der Stadt Aalen für den Erzählband *Fallensteller*

2.3   Angaben und Erläuterungen zu wesentlichen Werken

Erläuterungen zu einzelnen Werken

Wie der Soldat das Grammofon repariert [2006]

Der autobiografisch gefärbte Roman (Saša ist die Kurzform von Aleksandar) erzählt aus der Perspektive des aus einer bosnisch-serbischen Familie stammenden Jungen Aleksandar Krsmanović und am Beispiel des bosnischen Dorfes Višegrad, wie der Jugoslawien-Krieg im Jahre 1992 das friedliche Zusammenleben von Serben, Kroaten und Muslimen zerstört. Stanišić entwickelt aus den Erinnerungen von Aleksandar das Bild einer glücklichen Kindheit, bis der Angriff der serbischen Truppen, die gezielt die muslimischen Einwohner töten wollen, die meisten Dorfbewohner zur Flucht zwingt. Aleksandar, der aus einer serbisch-muslimischen Familie stammt, flieht zunächst nach Belgrad und später nach Essen. 10 Jahre nach dem Krieg besucht Aleksandar Višegrad wieder, um zu ermitteln, was mit seinen Bewohnern geschehen ist.

Fallensteller [2016]

Der Band besteht aus einer Sammlung von 12 Kurzgeschichten unterschiedlichen Umfangs, in denen zuweilen dieselben Figuren auftauchen: So ist Georg Horvath beispielsweise der Protagonist, aus dessen Perspektive die Geschichten *Georg Horvath ist verstimmt*, *It's okay. It's also not okay*, *Pica-pau-de-cabeça-amarela* erzählt werden. Horvath ist Justitiar einer deutschen Brauerei, der zur Vertragsunterzeichnung im Rahmen der Übernahme einer brasilianischen Brauerei nach Rio reist. In anekdotenhaften Szenen und Rückblenden wird das Bild eines Menschen gezeichnet, der die Eintönigkeit seines Lebens diagnostiziert und den Wunsch nach sprachlicher Präzision artikuliert. Aufgrund einer Namensverwechslung steigt Horvath am Flughafen in das falsche Taxi und wird zu einer Tierbeobachtungsstation im Urwald gefahren. Horvath verzichtet auf die Aufklärung der Verwechslung; die zum Ende der Erzählung hin zunehmende Referenz auf Kafkas Parabel *Der Aufbruch* macht deutlich, dass es um eine individuelle Sinnsuche geht.

3. TEXTANALYSE UND -INTERPRETATION

3.1 Entstehung und Quellen

ZUSAMMEN-
FASSUNG

Stanišić hat für seinen Roman die Geschichten einiger Gemeinden in Ostdeutschland und ihren Alltag am Beginn des
21. Jahrhunderts recherchiert und das Ergebnis mit Erzählungen und Beobachtungen aus Bosnien verknüpft, wo er geboren wurde. Auf diese Weise entsteht ein Kaleidoskop deutsch-
bosnischer Dorfgeschichten.

Realer Ort als
Vorbild?

Es wurde immer wieder versucht, die reale Ortschaft zu identifizie-
ren, die Stanišić als Vorlage diente: Möglicherweise handelt es sich
um das brandenburgische Fürstenwerder – das ist ein Dorf, das direkt an der Grenze zu Mecklenburg-Vorpommern liegt, zwei Seen,
eine alte Stadtmauer sowie eine abgebrannte und wiedererrichtete
Kirche hat. Der Autor dankt am Ende des Romans den Bewohnern
von Fürstenberg, Fürstenfelde, Fürstenwalde, Fürstenwerder und
Prenzlau (vgl. S. 316) und fingiert damit eine Realitätsnähe, die aber
nicht für wahr gehalten werden muss.

Biografische
Bezüge

In einem Interview mit Wolfgang Tischer[2] gibt der Autor an, es gehe
in dem Roman um das Thema „Gnadenlosigkeit der Wirklichkeit"
und um das Weiterkommen trotz der Gnadenlosigkeit, um das Be-
streben des Menschen, seine Existenz zu behalten und etwas mit
Geist, Sprache, Händen zu können. Zu diesem Motiv passt auch das

---

2   Interview mit Stanišić, nachdem er den Preis der Leipziger Buchmesse gewonnen hat:
    https://www.youtube.com/watch?v=HE9Ylqwd6lo (Stand April 2018).

3.1 Entstehung und Quellen

Motto aus einem Liedtext der Gruppe *The Streets*, in dem hervorgehoben wird, dass es den Vorfahren gelungen sei, zu überleben und
das Leben an die Nachfahren weiterzugeben. Im Grunde schließt
der Autor damit an das existenzielle Thema seines ersten Romans
Wie der Soldat das Grammofon repariert (2006) an und verweist
auch auf die eigene Fluchtbiografie aus dem Kriegsland Bosnien
im Jahre 1992.

Der Roman *Vor dem Fest* ist als multiperspektivischer Montagetext
konzipiert, der verschiedene Textsorten enthält und verschiedene
Handlungsstränge wiedergibt, die in einem Zeitraum von 24 Stunden spielen. Mit dieser formalen Eigenart weist der Roman eine Parallele zu dem berühmten Vorläufer dieser Erzählweise, dem Roman
Ulysses (1922) von James Joyce, auf, der ebenfalls multiperspektivisch und mit Hilfe verschiedener Textgattungen Handlungen eines
einzigen Tages festhält.

**Multiperspektives
Erzählen**

Die Resonanz auf das Buch war überaus positiv, wie auch die loben-
den Kommentare auf dem Klappentext verdeutlichen („Weltliteratur
aus der Uckermark.", FAZ). Der Roman erhielt unter anderem im
Jahre 2013 den Alfred-Döblin-Preis und im Jahre 2014 den Preis der
Leipziger Buchmesse in der Kategorie *Belletristik*. Das Buch wurde
in 31 Sprachen übersetzt und stand auf der Spiegel-Bestsellerliste. Schon 2009 lobt Amalija Maček: „Saša Stanišić ist als Person
der ideale Zuwanderer – assimiliert, gut erzogen und gebildet, die
deutsche Sprache vollkommen beherrschend, was ihn zusätzlich
zum Liebling des deutschen und weltweiten Publikums gemacht
hat."[3] Maxim Biller kritisiert in seinem „Zeit"-Artikel *Letzte Ausfahrt Uckermark* gerade diese Einschätzung vor dem Hintergrund

**Positive
Aufnahme**

---

3   Maček 2009, S. 349

1 SCHNELLÜBERSICHT   2 SAŠA STANIŠIĆ:
LEBEN UND WERK   3 TEXTANALYSE UND
-INTERPRETATION

3.1   Entstehung und Quellen

von *Vor dem Fest*: „Ist es ihm wichtiger, als Neudeutscher über Urdeutsche zu schreiben als über Leute wie sich selbst?"[4] Die Kritiker
haben sich dieser Kritik nicht angeschlossen und vor allem die hohe
ästhetische Qualität des Romans gelobt.

---

4   Biller 2014. (Auszüge und Besprechung der Rezensionen kann man in den Kapiteln 4 und 5 dieser Erläuterung nachlesen.)

3.2 Inhaltsangabe

ZUSAMMEN-FASSUNG

In *Vor dem Fest* werden Ereignisse und Figurenbiografien erzählt, die alle mit dem fiktiven Dorf Fürstenfelde in einem Zusammenhang stehen. Den Handlungsrahmen bilden die Vorbereitungen zum alljährlichen Annenfest.

Die Handlung der Erzählgegenwart erstreckt sich über rund einen Tag vor dem jährlichen Annenfest (September) des fiktiven Dorfes Fürstenfelde in Brandenburg. Die erzählte Zeit reicht bis in die frühe Neuzeit zurück, da immer wieder Ereignisse in den Erzähltext montiert werden, die weit zurückliegen. Dabei wird nicht kontinuierlich aus einer Perspektive und in chronologischer Folge (*ordo naturalis*) erzählt, der in fünf Großkapitel gegliederte Text besteht vielmehr aus formal und sprachlich zum Teil ganz unterschiedlichen Textteilen mit verschiedenen Formen der Anachronie, sodass der Handlungsablauf immer wieder unterbrochen ist. Die folgende Inhaltsangabe orientiert sich an der Chronologie des Romans.

Kapitel I
S. 11–13
Der Erzähler, der sich als ein Angehöriger der Dorfgemeinschaft identifiziert, ohne dass er seinen Namen nennt, berichtet, dass der Fährmann ertrunken sei. In seinem Bericht führt er weitere Dorfbewohner, Frau Schwermuth und den Glöckner mit seinem Lehrling Johann, ein, die im weiteren Verlauf des Romans eine Rolle spielen werden. Auch das zentrale Thema des Romans wird bereits genannt, nämlich der Wille, trotz aller Widrigkeiten zu überleben:

Zentrales Thema des Romans: das Überleben

3.2 Inhaltsangabe

„Pest und Krieg, Seuche und Hungersnot, Leben und Sterben haben wir überlebt. Irgendwie wird es gehen" (S. 12 f.).

S. 14–17

Lada, Suzi und Johann

Lada ist wegen hoher Geschwindigkeit von der Uferstraße abgekommen und – zum dritten Mal innerhalb von drei Monaten – im See gelandet. Johann und Suzi beobachten beim Angeln die Szene, Johann springt in den See, aber Lada kommt von alleine wieder heraus. Die drei beobachten ein Touristenboot und sprechen darüber, dass Wölfe nach Deutschland zurückkehren. Suzi fängt einen kleinen Karpfen, setzt ihn aber wieder zurück in das Wasser. Schließlich lädt Lada die anderen auf Suzis Kosten in die Garage von Ulli ein.

S. 18

In einem kurzen Text wird beschrieben, wie sich Tiere auf den Herbst vorbereiten, der Karpfen braucht immer weniger Nahrung, Hornissenköniginnen überwintern unter dem Moos, das Hämmern eines Spechts erinnert an die vergehende Zeit.

S. 19–21

Ullis Garage als sozialer Treffpunkt

Ullis Garage, die er im Jahr zuvor zu einer Art Trinkraum umgestaltet hat, ist der Treffpunkt für die männliche Bevölkerung des Dorfes. Das Dorflokal *Gleis 1* hat demgegenüber einen eher offiziellen Charakter. In Ullis Garage, die nach Motoröl riecht, treffen sich die Männer, um zu reden, Bier zu trinken und Fußball zu schauen. Lada kümmert sich um disziplinarische Probleme mit den Gästen, beispielsweise wenn einer zu viel getrunken oder nach einem Monat seine Zeche nicht bezahlt hat. Auch Imboden, der vor drei Jahren Witwer geworden ist und seither trinkt, gehört zu den Gästen.

3.2 Inhaltsangabe

S. 22–24

Eine Füchsin, die vor ihrem Bau zwei Welpen bewacht, fasst den Plan, in der kommenden Nacht zu den Hühnern zu schleichen, um für ihren Nachwuchs Eier zu stehlen. Sie kann ihren Wurf nun schon länger nur mit Käfern ernähren und möchte ihrem Nachwuchs etwas Besonderes bringen, da sie davon ausgeht, dass die Welpen in wenigen Tagen den Bau verlassen werden. Die Füchsin nimmt sich vor, die Eier diesmal besonders vorsichtig zu transportieren, da sie bei den letzten Versuchen stets zerbrochen sind. Sie macht sich auf den Weg in das Dorf und passiert dabei einen Dachs und eine Wildschweinrotte, die sie jeweils mit ihrem Geruchssinn wahrnimmt und charakterisiert.

S. 25–27

Herr Schramm ist Rentner und ehemaliger Oberstleutnant bei der Nationalen Volksarmee der DDR. Da er nur eine schmale Rente erhält, arbeitet er noch in einem Landmaschinenbetrieb. Herr Schramm verfolgt eine erotische Sendung im Fernsehen, in der sich eine Frau beim Billardspielen ihrer Kleidung entledigt. Obgleich er die Sendung in einem sexuell erregten Zustand verfolgt, stört es ihn, dass das Erotik-Model, das den Namen Martina trägt, schlecht Billard spielt. Schließlich geht er aus dem Haus und fährt mit dem Wagen los, in dessen Handschuhfach eine Pistole liegt. Das Ziel ist noch unklar: entweder zu seiner ehemaligen Kaserne oder zum Zigarettenautomaten. Er hat vor, seinem Leben ein Ende zu setzen oder Zigaretten zu kaufen. Er wird vom Erzähler charakterisiert als jemand, der Druck gut aushalten und ausüben konnte. Nun allerdings führt er ein einsames Leben und es finden sich in seinem Haushalt „mehr Gründe gegen das Leben als gegen das Rauchen" (S. 27).

> Herr Schramm will sich das Leben nehmen

3.2 Inhaltsangabe

S. 28–33

Das Dorf bereitet sich auf das Fest vor

Der Wir-Erzähler berichtet von den Vorbereitungen zum Annenfest, wobei der Erzähler konstatiert, dass der Ursprung wie auch der Sinn des Festes im Dunkeln liegen. Möglicherweise feiert sich Fürstenfelde für die eigene Existenz, aber auch dafür, dass Kriege vorbei sind und dass eine gute Ernte eingefahren werden konnte.

Während der Herbst endgültig gekommen ist, wird im Dorf geputzt. Auch der Scheiterhaufen, auf dem Anna verbrannt werden soll, wird aufgebaut, dabei bemerkt der Erzähler, dass es aufgrund mangelhafter Statik des Scheiterhaufens im Jahre 1599 einen Unfall gegeben habe, bei dem vier Häuser in Brand geraten seien und zwei Räuber haben fliehen können. Die Bestuhlung vor dem Scheiterhaufen drückt die Rangordnung im Dorfe aus. Frau Reiff veranstaltet einen Tag der offenen Tür in ihrer Töpferei, der Bäcker Zieschke organisiert eine „Kunst und Kurioses"-Auktion. Während Herr Schramm die Pistole in seiner Hand wiegt, ist Frau Kranz unterwegs, um ein Bild zu malen. Die 18-jährige Abiturientin Anna wird das Dorf verlassen. Immer wieder klingt in der Schilderung des Erzählers an, dass immer mehr Menschen das Dorf verlassen oder sterben.

S. 34–40

Gölow wählt die Schweine für das Fest aus

Olaf Gölow, der mit 13 Mitarbeitern seit 1992 eine Schweinezucht und eine Imkerei betreibt, wird als „ehrliche Haut" charakterisiert. Dies zeigt sich daran, dass er intensiv nach dem Besitzer eines im Matsch gefundenen Stiftes fahndet und dass er dem Fährmann trotz unbezahlter Schulden einen bequemen Sarg finanziert. Am Abend vor dem Fest läuft Gölow durch seinen Betrieb und sucht die Schweine aus, die auf dem Fest verzehrt werden sollen. Kurz nach der Wende hat er zwei Kriegsflüchtlinge aus Jugoslawien, einen Bosnier und einen Serben, eingestellt, die einen Brief an den

3.2 Inhaltsangabe

damaligen Präsidenten Clinton geschrieben und ihn gebeten haben,
er möge seine Armee schicken, um das Land zu befrieden. Gölow
träumt davon, nach Alaska zu fahren und dort Schweinezucht zu
betreiben oder mit seiner Frau dort Urlaub zu machen. Gölows Frau
Barbara ist offenbar an Krebs erkrankt, sie trägt eine Perücke. Eine
Firma aus den Niederlanden hat Gölow ein Übernahmeangebot für
seine Firma gemacht, das er aber ablehnen will.

S. 41–47

Herr Schramm versucht erfolglos, Zigaretten aus einem Automaten zu ziehen, am Schluss schießt er auf den Zigarettenautomaten. Er erinnert sich an einen Saunagang, den er im Jahre 1982
gemeinsam mit anderen Teilnehmern eines Offizierslehrgangs unternimmt; während eines Aufgusses mit Birnenschnaps möchte ein
Hauptmann Karrenbauer aus gesundheitlichen Gründen die Sauna
verlassen, was ein usbekischer General Trunov aber verhindert, bis
Schramm eingreift und Trunov dazu bewegt, den Hauptmann ziehen
zu lassen. Trunov besucht später Schramms Stützpunkt, hat aber
kein Interesse an den Waffen, sondern vielmehr an der Landwirt-
schaft, der Musik und dem Tanz. Schramm erinnert sich außerdem
daran, dass er trotz der Warnhinweise einst eine Familie beim Pilze-
Sammeln direkt vor der Flugabwehr-Raketenabteilung 123 Wegnitz
angetroffen und wieder zurückbegleitet hat.

S. 48–51

Johann verlässt das Elternhaus, weil er für das Festläuten um Mitternacht verantwortlich ist. Die Glocken gehören zu einer Kirche,
die 1740 durch einen Brand zerstört worden und danach wieder-
aufgebaut worden ist. Er denkt an die Inhalte seiner Ausbildung für
das Glockenläuten und an seine Hobbys. Zweimal wird das Motiv
des Mottos umschrieben: „Wie krass unwahrscheinlich das ist, dass

Aufgriff des Mottos: das Überleben

3.2 Inhaltsangabe

seit Jahrhunderten immer welche überlebt haben, Leben gezeugt haben, und jetzt ist man selber dieses Leben" (S. 48) sowie: „Seit Anbeginn der Menschheitsgeschichte hat je ein Vorfahr von ihm mütterlicherseits und väterlicherseits überlebt und hat Leben gezeugt, und der Herbst ist jetzt da, und wenn Johann die Glocken das nächste Mal läutet, wird er fest daran glauben, dass sie, die Ahnen, sein Läuten hören können" (S. 51).

S. 52 f.
In diesem Kapitel erfolgt eine Beschreibung der drei Glocken: Die beiden kleinen Glocken sind auf die Namen „Bonifatius" und „Bruno" getauft, sie werde im Jahren 1926 gegossen als Ersatz für die Glocken, die zu Kriegszwecken eingeschmolzen worden sind. Die Hauptglocke, genannt „die Alte", wird selten geläutet; ihr Entstehungsdatum liegt im Dunkeln, Legenden, in denen sie die Menschen vor Feuer gewarnt habe, sind mit ihr verbunden. Der Erzähler bestätigt am Ende des Kapitels, dass man sowohl den alten Geschichten als auch an den materiellen Wert der Glocken glaube.

S. 54–56
Frau Kranz möchte Fürstenfelde bei Nacht malen

Frau Kranz ist auf dem Weg zum Fährhaus, um ein Nachtbild von Fürstenfelde zu malen, das während der Fest-Auktion versteigert werden soll. Der Erzähler berichtet vom Besuch eines Journalisten, der Frau Kranz nach ihrer Herkunft aus Jugoslawien (Banater Schwaben) befragt. Frau Kranz trägt ein Abendkleid, das sie zuletzt 1977 bei der Auszeichnung für ihre künstlerischen Verdienste getragen hat, normalerweise malt sie im Trainingsanzug.

S. 57–61
Imboden erzählt von einem früheren Fest

Burkhardt Imboden erzählt der in Ullis Garage versammelten Gruppe, dass er bei einem Annenfest vor der Wende einmal mit Fräulein

Zieschke getanzt habe. Zu der Veranstaltung seien dann Vertreter der FDJ gestoßen, die für die Organisation hätten werben wollen, allerdings hätten der Fährmann und der Glöckner sie am Reden gehindert, damit der Tanz weitergehen könne. Ein Mann aus der FDJ-Gruppe habe sich Fräulein Zieschke zum Tanzen ausleihen wollen, was Imboden aber verhindert habe, da sie mit dem „Ausleihen" nicht einverstanden gewesen sei. Daraufhin habe es eine Schlägerei gegeben, was in der Folge zu einer Anzeige gegen Imboden wegen Unruhestiftung und Diffamierung der DDR geführt habe. Man habe ihn behördlicherseits ohnehin für einen Unruhestifter gehalten, da sein Vater mit den Nazis in Verbindung gebracht worden sei. Imboden habe sich wider Willen entschuldigt, da er mögliche Konsequenzen einer Weigerung gefürchtet habe und da er weiter mit Fräulein Zieschke tanzen wollte, die er dann ein Jahr später geheiratet habe.

S. 62 f.
Die Fähe ist um Mitternacht auf dem Weg nach Fürstenfelde und nimmt das Läuten der Glocken wahr, während gleichzeitig ein Gewitter einsetzt und sich ein Blitz über dem Feld entlädt. Währenddessen zieht sich Anna um und will joggen gehen.

S. 64
In der Nacht sind Vergangenheit, Gegenwart und Zukunft gleichermaßen anwesend.

S. 65–69
Ulli und Lada sitzen nach dem Aufräumen um Mitternacht noch vor der Garage. Sie überlegen, wann die Garage am Vormittag aufmachen soll, und Ulli will zuvor noch Kleinigkeiten zum Essen besorgen. Sie sprechen über einen Findling, der bereits Gedenktafeln für

3.2   Inhaltsangabe

den Kronprinzen, später Hitler und Thälmann getragen hat, heute aber keine Tafel mehr trägt. Außerdem erinnern sie sich an bedeutende „Söhne" des Orts: Ein Hans Steffen soll einst einen Krieg in Südamerika verhindert haben. Beide Männer sehen die Füchsin. Am Ende des Kapitels legt der Wir-Erzähler die Funktion des Steins als Hoffnungsträger fest: „Am Sportplatz zwischen Vereinshaus und Kegelbahn steht ein Stein. Wir haben Namen und Hoffnungen daran angeschlagen. Hat nichts gebracht" (S. 69).

S. 70–72

1. Analepse: 1587
Geburt eines
Wunderferkels

Bericht über die Geburt eines Wunderferkels mit einem menschlichen Kopf. Die Männer streiten sich darüber, wer als menschlicher Vater in Frage käme. Da die Sau dem Müller Mertens gehört, bestätigt sein Knecht Droschler zwar, dass er sie kenne, gleichwohl bestreitet er eine Verantwortung und vermutet vielmehr, dass der Teufel seine Finger im Spiel haben könne. Die Männer einigen sich auf diese Erklärung, sie töten das Ferkel und schlachten und verzehren die Sau. Der Erzähler merkt am Ende an, dass das Gesicht des Ferkels jedem ähnlich gesehen haben könnte: „ein Gesicht wie meines, und ein Gesicht wie deines, und ein Gesicht wie das Gesicht von Jedermann" (S. 72).

S. 73–76

Der Glöckner denkt an seine 70-jährige Berufstätigkeit zurück, aktuell hat er keine Lust mehr, die Glocken zu läuten. Nach 1945 ist er zunächst geflohen, kommt dann aber wieder zurück, die russische Besatzungsmacht lässt ihn weiterhin die Glocken läuten. Ende der 1970er Jahre versucht Schramm ihn dazu zu bewegen, auf das Läuten aus politischen Gründen zu verzichten; der Glöckner widersetzt sich, was aber ohne Konsequenzen bleibt. Der Glöckner denkt über die frühere Bedeutung von Glocken nach, die zentrale

3.2 Inhaltsangabe

menschliche Ereignisse begleitet haben. Heute dagegen würden
sie nur noch an die Existenz eines Kirchengebäudes erinnern. Der
Glöckner ist dazu bereit, die Verantwortung für das Läuten in andere Hände zu geben. Während seiner Gedanken bricht er offenbar
zusammen, Johann findet ihn und versorgt ihn. Gleichzeitig werden die Glocken in der Melodie des Kirchenliedes *Meine Zeit steht
in deinen Händen* von einem Unbekannten geläutet, auch der Wir-
Erzähler kann den Urheber nicht nennen.

S. 77

Der Wir-Erzähler drückt seine Sorge aus, allerdings wird der Bezug der Sorge nicht klar genannt. Als Quelle des Verses *Meine Zeit
steht in Deinen Händen* werden die Psalmen des Alten Testaments
angegeben.

S. 78

Im Mai werden die beiden Pferde des Wirtes Ulrich Ramelow ge-
stohlen und durch zwei minderwertige Pferde ersetzt. Die Diebe,
ein besonders großer und ein besonders dicker Mensch, lassen dem
Wirte ausrichten, dass dies die Strafe dafür sei, dass er das Bier im
Ausschank mit Wasser verdünne.

2. Analepse: 1588
Pferdediebstahl

S. 79–81

Anna macht eine Pause an einem Zaun und denkt über die Beziehung zu dem vor ihr liegenden Feld nach, das bereits viele Generationen vor ihr gekannt hat. Anna spürt, dass sich auf dem Feld
ein totes Lebewesen befindet. Der Wir-Erzähler berichtet, dass das
Feld in früheren Zeiten wegen Frostes keinen Ernteertrag gebracht
habe, dass aber mitten im Winter eine große Zahl von Äpfeln unter
einer Eiche gelegen hätten. Heute lassen nur ab und zu Partyheim-
kehrer Betrunkene unter der Eiche zurück.

Anna joggt durch
die Nacht

3.2 Inhaltsangabe

S. 82 f.

3. Analepse: 1849
Geweih-Fund

Das Kapitel enthält einen Bericht über den Fund zweier außergewöhnlich großer Geweihe am 17. und 19. März 1849. Graf Poppo von Blankenburg persönlich birgt die Geweihe aus dem See bzw. aus dem Feld, bei der Bergung verletzt er sich an der Hand und stirbt vier Tage nach dem Fund an den Folgen einer Wundinfektion. Die Geweihe erhalten daraufhin den Namen „Düvelshörner", die die Witwe des Grafen Herrn Bruno Bredekamp übergibt.

S. 84–87

Frau Kranz'
Bilder doku-
mentieren die
Dorfgeschichte

Das Kapitel nimmt den zuvor bereits erwähnten Besuch des Journalisten bei Frau Kranz wieder auf und erzählt, wie der Journalist die Werke der Malerin besichtigt, die fast 70 Jahre Dorfgeschichte dokumentieren. Frau Kranz hat alles gemalt, was es im Dorf und seiner näheren Umgebung zu sehen gibt, ihre Gemälde beschränken sich dabei auf die Wiedergabe des Sichtbaren. Auch der Wir-Erzähler verwundert sich darüber, dass Frau Kranz offenkundig keine „Botschaft" mit ihren Bildern ausdrücken will. Aber er stellt auch die Frage, wer die Aufgabe des Malens übernimmt, wenn Frau Kranz eines Tages nicht mehr leben sollte.

S. 88

Anna hat auf ihrem Lauf das Feld hinter sich gelassen und läuft an der alten Ziegelei vorbei, die nach der Wende ihre Produktion eingestellt hat, an eine Person aus dem Westen versteigert worden ist und seither brachliegt. In der alten Ziegelei gibt es nur noch Mäuse.

S. 89 f.

Poppo von Blan-
kenburg gibt ein
Fest

Auf dem frisch renovierten Landschloss des Poppo von Blankenburg findet ein Fest statt, das der Hausherr schon seit langer Zeit

3.2 Inhaltsangabe

plant; kurz nach Aufbruch der Jagdgesellschaft fallen Mäuse über
das Anwesen her und fressen alle Vorräte auf. Der stumme Suzi beobachtet das Geschehen von seiner Lieblingsangelstelle aus,
von der aus er auch die Badestelle von Magdalene von Blankenburg, der siebzehnjährigen Tochter des Hausbesitzers, einsehen
kann.

S. 91–94

Frau Kranz erinnert sich daran, dass ein Journalist ihr Atelier besichtigt hat, in dem sie ihre Bilder von Fürstenfelde aufbewahrt.
Bilder der Malerin hängen in praktisch allen öffentlichen Gebäuden
des Ortes, im Vereinsheim dient ein Kranz-Bild sogar als Talisman.
Fürstenfelde bei Nacht hat sie noch nie gemalt, sie will dies anlässlich des bevorstehenden Annenfestes aber endlich realisieren.
Frau Kranz stammt aus dem Banat, an das sie aber keine Erinnerung mehr hat und das sie aus dem Grunde nicht malen kann. Sie
könne nur etwas malen, was sie wisse. Auf die Frage, an welche
Malsituation sie sich so gerne erinnere, dass sie dorthin zurückkehren möchte, fällt Frau Kranz die Szene ihres ersten Bildes ein. Frau
Kranz hat den Wunsch, etwas zu malen, was sich nicht malen lässt,
z. B. etwas, das in der Zukunft Realität wird, etwas, das niemand
weiß, das Böse, das Durchhalten.

S. 95–98

Der Erzähler rekapituliert die Entstehungsgeschichte des Ortes: Zu
Beginn der Besiedlung hätten die Bewohner den tieferen der beiden
Seen als „Düvelsbad" bezeichnet, da dieser so steil abfalle und das
Wasser eine schwarze Farbe habe. Der Name „Fürstenfelde" kommt
von dem plattdeutschen Ausdruck „vörste velden" (S. 95, „nahe bei
den Feldern"). In den ersten Jahren habe ein Fährmann Besucher
über den See in das Dorf gebracht.

**4. Analepse:
Gründungsjah-
re des Ortes**
Wie das Dorf
entstand

3.2 Inhaltsangabe

Über das Düvelsbad wird die Geschichte erzählt, dass eines Abends im Herbst ein kleines Männlein die Überfahrt verlangt habe. Dem Fährmann sei aber das Ruder immer schwerer geworden, bis sich der Fahrgast ein Bein ausgerissen habe und ins Wasser gesprungen sei. Nach seinem Wiederauftauchen habe der Fahrgast dem Fährmann befohlen, die Bewohner aufzufordern, den Ort zu verlassen. Da die Dorfleute der Erzählung des Fährmanns keinen Glauben geschenkt hätten, seien alle von der Pest getötet worden, nur der Fährmann sei mit seinem Leben belohnt worden, da er den Fahrgast geduldig und sicher übergesetzt habe. Alle 13 Jahre komme dieser Pestteufel, um sich im See zu waschen – so geht die Sage.

S. 99–101

Frau Kranz erinnert sich an ihre Rettung durch den Fährmann

Ana Kranz steht im See und erinnert sich an die Zeit kurz nach dem Zweiten Weltkrieg, als die Rote Armee den Ort besetzt hält: Da sie damals nicht erneut fliehen will, versteckt sie sich unter einem Kahn und sieht, wie ein Soldat der Roten Armee versucht, ein Ferkel zu erwürgen. Später findet sie der Fährmann und versteckt sie bei sich im Haus. Einmal wird er von Soldaten mitgenommen, misshandelt und verletzt zurückgeschickt. Sie darf eineinhalb Monate bei ihm leben und zeichnet in dieser Zeit viel, unter anderem entwirft sie das Bild mit sechs Frauen, die einander an den Händen halten und im See stehen.

S. 102

In diesem Kapitel wird das Haus des Fährmanns beschrieben, das nur mit dem Notwendigsten eingerichtet ist. In das Gästebuch dürfen nur solche Fahrgäste hineinschreiben, die es sich während der Überfahrt verdient haben; es sind nur sieben in siebzig Jahren. Auch nach dem Tod des Fährmanns brennt noch Licht über der Haustüre.

3.2 Inhaltsangabe

S. 103

Anna kommt während ihres Laufes am Fährhaus vorbei, wegen ihres Asthmas hat sie Schwierigkeiten mit der Atmung. Sie trifft auf Frau Kranz, beide Frauen versichern sich gegenseitig, dass alles in Ordnung sei, auch der Regen würde Frau Kranz keineswegs stören. In der Ferne hört man das Aufheulen eines Motors.

Anna trifft auf Frau Kranz

S. 104

Die beim Dorfrichter angestellte Magd Kuene Gantzkow bekommt ein uneheliches Kind vom Sohn des Dorfrichters; dessen Mutter tötet das Kind und befiehlt ihrem Sohn, die Magd ebenfalls umzubringen. Zur Strafe wird die Frau des Dorfrichters im See ertränkt.

5. Analepse: Juli 1589 Kindstötung und Ertränken

S. 105 f.

Auf ihrem Weg nach Hause hat Anna weiterhin Atemschwierigkeiten. Sie wird von einem Wagen eingeholt, der vor ihr stehen bleibt. Als die Türen aufgehen, dringt Hip-Hop-Musik an Annas Ohr.

S. 107 f.

Die beiden jungen Männer, die aus dem Wagen steigen und die sich Q und Henry nennen, sind gepflegte Erscheinungen, sie sprechen in Paarreimen. Der Größere von beiden erkundigt sich, wie es Anna geht, da er ihr Stolpern und Taumeln gesehen hat. Anna weist auf ihr Asthma hin. Die beiden bieten an, sie in ein Krankenhaus zu fahren, doch Anna möchte lieber zum Gershof gebracht werden. Herr Schramm beschleunigt im selben Moment seinen Wagen und schaltet bei 130 km/h das Licht aus.

Anna trifft auf Q und Henry

S. 109–114

Herr Schramm ist geschieden und kinderlos, im vergangenen Sommer hat er auf der Suche nach einer Partnerin eine Agentur kontak-

3.2 Inhaltsangabe

tiert. Mit Frau Mahlke, der Vertreterin der Vermittlung, die ihn in Fürstenfelde besucht und seine Präferenzen ermitteln will, fährt er über den Tiefen See. Er beherzigt dabei den Rat des Fährmannes und gibt ehrliche Auskünfte über sich selbst, z. B. dass er gerne Alkohol trinkt, raucht und Skispringen und Fledermäuse schätzt. Schließlich unterschreibt er den Vermittlungsvertrag, nachdem sie vor der Metzgerei Krone noch seine Bulette gegessen hat.

S. 115
Speisekarte des Mittagstischs in der Metzgerei Krone

S. 116–118

6. Analepse: Herbst 1589 (Annenfest)
Entführung der Wirtsfrau

Dem Gastwirt Ulrich Ramelow wird zur Strafe, weil er mit Wasser gepanschtes Bier ausschenkt, die eigene Ehefrau entführt und durch eine andere Frau ersetzt, die aber wenig Anstand besitzt, da er – wie die Entführer sagen – auch kein anständiges Bier verkaufe. Die neue Frau bringt Unheil über die Gastwirtschaft, die in einen schlechten Ruf gerät, doch sobald der Wirt wieder ordentliches Bier ausschenkt, wird ihm seine Ehefrau zurückgegeben. Die Frau erzählt, dass es ihr in der Gefangenschaft gut ergangen sei und dass die beiden Entführer, Kuno und Hinnerk, der eine klein und rund, der andere groß, sie gut versorgt und sich auch auf anregende Weise mit ihr unterhalten haben. Aufgrund ihrer Beschreibung der Täter lässt der Gutsherr Poppo von Blankenburg nach ihnen fahnden, da ihnen zudem mehrere Überfälle angelastet werden. Die Suche bleibt allerdings erfolglos.

S. 119 f.
Anna ist in den Wagen von Q und Henry eingestiegen, die beide immer noch reimend sprechen. Auf der Straße kommt ihnen ein unbeleuchteter Wagen mit hoher Geschwindigkeit entgegen, Q weicht

3.2 Inhaltsangabe

aus, der weiße Golf fährt in den Straßengraben und hält fünf Meter
vor einem Baum an. Anna vermutet, dass der Fahrer betrunken ist.
Sie steigt aus, um nach dem Fahrer zu sehen.

Kapitel II
S. 123–128

Der Erzähler beschreibt die Sammlungsgegenstände im Haus der
Heimat, zu denen auch verschiedene Ordner zu Themen wie „Personen und Persönlichkeiten", „Sagen und Legenden" und „Feste,
Handwerke, Bräuche" gehören. Vorstand des Museums sind Ana
Kranz, Johanna Schwermuth, Burkhardt Imboden, Bäcker Zieschke,
der Glöckner und der Fährmann. Leiterin des Museums ist seit
1990/91 Frau Schwermuth. Immer wieder finden Ausstellungen in
den Museums-Räumen statt, in der Erzählgegenwart werden Kachelöfen und Alltagsgegenstände aus der DDR gezeigt. Im Keller
befindet sich hinter einer schweren Holztür ein kleiner Raum, in
dem während des Krieges offenbar Menschen versteckt worden sind
und der nun als Archiv benutzt wird, ohne dass Frau Schwermuth
allerdings öffentlich preisgibt, welche Art von Sammlung dort ange-
legt ist; nach ihrer Aussage handle es sich um einen spektakulären
historischen Fund, der öffentlich aber nicht in seiner Gänze zugäng-
lich wird. Frau Schwermuth stellt aus dem angeblichen Konvolut in
unregelmäßigen Abständen Urkunden aus, die Abgabevorschriften
oder Kaufverträge beinhalten und deren Echtheit der Erzähler mit
dem Hinweis auf das Fehlen jeglicher Altersspuren bezweifelt.

*Das Haus der
Heimat*

S. 129

Vier Männer streiten sich um die Eigentumsrechte an einem brach-
liegenden Feld, auf dem eine große Menge Äpfel gefunden worden
ist. Während drei Männer ihren Anspruch mit einer Urkunde be-
legen können, fordert Poppo von Blankenburg, der keine Urkunde

7. Analepse: 1607
Streit um das Feld

3.2 Inhaltsangabe

besitzt, einen Faustkampf, der die Besitzverhältnisse klären soll. Nachdem von Blankenburg den Kampf gewonnen hat, betrinkt er sich und kommt infolge eines Sturzes auf dem neu erworbenen Felde zu Tode. Das Feld liegt in der Folge weiterhin brach.

S. 130–135

Johann berichtet über seine Mutter Johanna

Die Erzählperspektive ändert sich: Der bislang vorherrschende Wir-Erzähler wird zu einem Ich-Erzähler, der aus der Perspektive von Johann Schwermuth erzählt.

Johann Schwermuth berichtet von seiner übergewichtigen Mutter, die er „Mu" nennt, und von deren Engagement im Heimatmuseum und im Geschichtsverein. Sie befasst sich intensiv mit der Geschichte des Ortes, ihr Sohn vermutet, dass sie damit von persönlichen Problemen ablenken will. Der Sohn zählt markante Eigenschaften seiner Mutter auf: Sie leidet offenkundig unter ihrem Gewicht, Anstrengungen zur Gewichtsreduktion bleiben erfolglos, jeden Frühling wird sie von einer Depression befallen, sie benötigt die Sicherheit eines regelmäßigen und stets gleichen Ablaufs, sie kauft sich – angeblich aus Sicherheitsgründen – ein Gewehr und wählt die Partei „Die Linke", sie behauptet, kleine Gegenstände zum Schweben bringen zu können. An einem 1. Mai, an dem Tag, als die alljährliche Frühlingsdepression vorüber ist, trainiert seine Mutter das Schwimmen im eigenen Garten auf trockenem Boden; sie behauptet, es auf diese Weise zu lernen, und springt dann in den See, wo sie tatsächlich schwimmt. Der Ich-Erzähler kann nicht sicher sagen, ob sie es an diesem Tag im Garten gelernt habe oder ob sie es zuvor schon gekonnt habe.

S. 136

8. Analepse: Annenfest 1590 Diebstahl während des Festes

Während des Auftritts eines Seiltänzers werden die abgelenkten Zuschauer bestohlen.

3.2 Inhaltsangabe

S. 137–140

Wilfried Schramms Wagen ist zum Stehen gekommen, der Kopf des Fahrers liegt auf dem Lenkrad. Herr Schramm denkt daran, dass auch im Fernsehkrimi *Tatort* viele tote Autofahrer in dieser Position vorkommen, und er überlegt, ob es in Fürstenfelde einen Todesfall gegeben habe, der sich für eine *Tatort*-Verfilmung eigne. In einem Fall, der schon fast 100 Jahre zurückliegt, sei ein Chinese von einem Einheimischen getötet worden, im zweiten Fall sei der Bauer Rüdiger in betrunkenem Zustande vom eigenen Traktor überrollt worden – wobei Schramm anmerkt, dass von Blankenburg am Tode des Bauern ein geschäftliches Interesse gehabt habe –, und im dritten Fall habe ein Lehrling Frau Rebe am 3. 10. 1990 erstochen, da sie seine sexuellen Wünsche nicht erfüllen wollte. Im Fall der ermordeten Frau Rebe habe es aber nie ein Geständnis des Täters gegeben, auch ihr Ehemann hätte die eigene Frau aus Eifersucht getötet haben können. Am Ende des Textes bedauert es Schramm, dass sein Selbstmordversuch mittels eines Auto-Unfalls nicht gelungen sei; als er die Pistole an seine Schläfe hebt, um sich zu erschießen, klopft es an sein Fenster.

Herrn Schramms Selbstmordversuch ist missglückt

S. 141

Ein ohne behördliche Genehmigung als Hausierer umherstreifender Chinese greift einen ihn kontrollierenden Polizisten an und wird von diesem erschossen.

9. Analepse: 18. März 1927 Tod eines Chinesen

S. 142–145

Im Jahre 2011 wird anlässlich der 700-Jahr-Feier die gesicherte Tür zum Archivarium des Hauses der Heimat geöffnet. Der erwähnte „Sensationsfund" wird – angeblich wegen mangelnder Präsentationsmöglichkeiten – nicht gezeigt, stattdessen wird die Originalhandschrift der Dorfchronik Paul Wieses aus einem anderen Muse-

Das Archivarium

3.2   Inhaltsangabe

um beschafft und ausgestellt. Die Leiterin des Museums geht grundsätzlich restriktiv mit der Präsentation von Archivmaterial um, sie begründet das mit der Empfindlichkeit und dem Wert der alten Dokumente. Der Wir-Erzähler betont, dass er großes Interesse an dem habe, was nicht explizit dargestellt und erzählt wird, zum Beispiel an den Geschichten, die sich um den kleinen Kellerraum im Haus der Heimat ranken.

S. 146

10. Analepse:
1592
Hungersnot

In diesem Jahr bringt der Sommer sehr viel Niederschlag mit sich, während es im Herbst eine große Dürre gibt, aus diesem Grunde sind die Nahrungsreserven des Dorfes erschöpft und die Menschen befürchten eine Hungersnot im Winter. Am 2. November finden die Menschen an der Eiche vor der Kirche große Mengen an Lebensmitteln; ohne Gott dafür zu danken, streiten sie sich, wer das meiste davon mit nach Hause nehmen darf. Innerhalb kurzer Zeit sind die Lebensmittel aber wieder verschwunden und die Menschen kehren reumütig in die Kirche zurück.

S. 147–151

Der Seelsorger
des Dorfes

Uwe Hirtentäschel, der mit 15 Jahren aus Fürstenfelde weggegangen und nach 15-jähriger Drogenabhängigkeit wieder zurückgekehrt ist, lebt im Pfarrhaus und kümmert sich um den geistlichen Beistand der Gemeinde. Er pflegt die Kirche, veranstaltet Kurse zur christlichen Lehre und organisiert den Gottesdienst. Seine Rückkehr nach Fürstenfelde beschreibt er als Erweckungserfahrung: Der Fährmann habe ihn auf eine Bootsfahrt nach Scheunenwerder mitgenommen, dort angekommen habe ihn der Fährmann, der ihm als ein Engel vorgekommen sei, verprügelt. Von da an habe er ein neues, geistliches Leben beginnen können. Neben seinem kirchlichen Engagement stellt er Holzengel her, die er an Touristen verkauft.

S. 152

Bei Brunnengrabungen vor dem Pfarrhaus entdeckt man tief in der Erde ein Stück Holz, von dem man vermutet, dass es ein Überbleibsel der Sintflut sei.

11. Analepse: um Michaelis 1658
Holzfund

S. 153 f.

Uwe Hirtentäschel teilt Frau Schwermuth telefonisch mit, dass er das Licht einer Taschenlampe im Haus der Heimat gesehen habe; außerdem habe zuvor Anna Geher vor dem Haus einen Schwächeanfall erlitten und zwei Männer hätten ihr geholfen. Ein weiterer Anruf klärt die Beobachtung auf: Aufgrund eines Stromausfalls ist Herr Zieschke im Haus der Heimat, Frau Schwermuth wolle ihm gleich den Schlüssel für den Sicherungskasten bringen.

S. 155–157

Johann Schwermuth geht am Haus der Heimat vorbei und bemerkt, dass ein Fenster kaputt ist und offensteht. Er betritt das Gebäude, geht in den Keller und sieht, dass die elektronisch gesicherte Tür zum Archivarium offensteht. In dem kleinen Raum befinden sich zahlreiche Bücher, an der Wand hängen Wandteppiche aus einzelnen Lederflicken und in der Mitte steht ein Tisch, auf dem sich Schreibzeug und Lupe befinden. Auf einem Lesepult liegt ein Foliant, dessen Seiten rußgeschwärzt sind. In dem Moment, da Johann im Folianten liest, geht das Licht wieder an, das elektronische Schloss verschließt die Tür und Johann ist in dem Raum eingeschlossen. [Die Entdeckung des Raumes legt den Verdacht nahe, dass die angeblich historischen Dokumente gefälscht werden, der Erzähler äußert sich dazu nicht explizit.]

Johann wird im Archivarium eingeschlossen

3.2   Inhaltsangabe

S. 158 f.

12. Analepse:
Januar 1594
„Narren" verlassen das Dorf

Zu Beginn des Jahres 1594 treffen einige von Ochsen und Pferden gezogene Karren im Dorfe in, auf denen offensichtlich psychisch kranke Menschen transportiert werden. Die beiden Anführer des Zuges, ein großer und ein kleiner Mann, unterbreiten den Dorfbewohnern das Angebot, dass sie für 10 Taler alle geistig beeinträchtigten Menschen mitnehmen, die von der Dorfgemeinschaft ausgewählt werden. Diese Menschen würden auf ein großes Schiff verbracht, das im Nordmeer wartet. Am nächsten Tag haben sich einige der Dorfbewohner dem Zug angeschlossen. Die Sequenz endet mit dem Aufruf, auf hoher See wachsam zu sein, da es stets passieren könne, dass man auf das Schiff „voll Narren" treffen könne.

S. 160–163

Frau Schwermuth ist im Haus der Heimat eingetroffen; nachdem sie die Tür zum Archivarium geschlossen hat, sortiert sie Papiere und verklebt das Loch im Fenster. Sie macht Sport und verfolgt die Horoskop-Sequenz aus dem Sat-1-Frühstücksfernsehen, die sie täglich aufzeichnet und in einer Dauerschleife über den Fernseher im Haus der Heimat abspielt. Moderatorin der Sendung ist Britta Hansen, die aus dem Dorfe stammt. Frau Schwermuth hat das Frühstücksfernsehen bereits mehrfach erfolglos zum Annenfeste eingeladen. Frau Schwermuth denkt über die Sehenswürdigkeiten des Dorfes nach; das Heimatmuseum hat nur wenige Besucher, auf der Wanderkarte finden sich zudem nur zwei sehenswerte Bäume, allerdings habe man laut Frau Schwermuth eine alte Eiche am Geher'schen Gehöft vergessen, an der üblicherweise die Hinrichtungen vollzogen worden sind.

SAŠA STANIŠIĆ

3.2   Inhaltsangabe

S. 164

Nach dem Mord an einem Knecht namens Drewes flieht der Mörder, kehrt nach acht Jahren zurück, wird verhaftet und gehenkt.

13. Analepse:
Pfingsten 1619
Mord und Strafe

S. 165–168

Auf das Klopfen von Anna hin nimmt Herr Schramm die Pistole von der Schläfe und öffnet die Tür des Wagens. Aus der Perspektive von Anna wird deutlich, dass Herr Schramm keinen Wert mehr auf Körperpflege legt. Aus der Perspektive von Herrn Schramm wird dieser Eindruck revidiert. Da Anna in der Nähe wohnt, bittet Herr Schramm sie darum, ihren Ausweis zu holen, damit er Zigaretten kaufen kann, da er vor seinem Selbstmord noch eine Zigarette rauchen möchte. Anna will ihn in seinem Zustand nicht alleine lassen und fragt ihn, ob er Familie habe. Die Frage erinnert Herrn Schramm an die erfolglosen Bemühungen einer Partnervermittlung, mit deren Hilfe er im vergangenen Sommer nochmals eine Partnerin gesucht hat. Schließlich gibt er Anna die Pistole, beide steigen aus und wollen gemeinsam Annas Ausweis und die Zigaretten holen.

Anna trifft auf
Herrn Schramm

S. 169–172

Nachts arbeitet in Fürstenfelde niemand, nur in Ullis Garage kann man sich bis maximal ein Uhr aufhalten. In einer Rückblende wird die nicht bestätigte Geschichte von zwei Fürstenfelder Tagelöhnerinnen, Flora Kohl und Isolde Kerner, erzählt, die sich – wohl im 17. Jahrhundert – auf den Weg in den Süden gemacht hätten. Außerdem wird berichtet, dass in einer Gemeinderatssitzung diskutiert worden sei, die Straßenlaternen aus Gründen der Wirtschaftlichkeit über Bewegungssensoren steuern zu lassen; der Vorschlag sei auf große Zustimmung gestoßen. In der Nacht seien zudem Bauern unterwegs, die von der Feldarbeit heimkehren. Herr Schramm

3.2 Inhaltsangabe

wird von Mücken gestochen, obgleich er eine antibakterielle Seife verwendet.

S. 173–176

Die Eierbox von Herrn Dietz

In diesem Abschnitt wird die Lebensgeschichte von Dietmar Dietz skizziert. Er ist als Kind während der Nazi-Zeit zur Erholung nach Fürstenfelde geschickt und nicht mehr abgeholt worden. Er ist bei der Familie Gracedieus aufgewachsen, die Ende der 1970er Jahre bei einem Flugzeugabsturz ums Leben gekommen ist. Dietz hat während der DDR-Zeit als Briefträger gearbeitet, ist wohl auch Mitarbeiter bei der Staatsicherheit, dem Geheimdienst der DDR, gewesen und ist jetzt Rentner und züchtet Hühner, die Eier verkauft er in einer Box vor dem Haus. Für touristische Zwecke hat das Dorf bereits Postkarten mit dieser Eierbox anfertigen lassen. Nachts hört er lateinamerikanische Musik.

S. 177 f.

Aus der Perspektive der Füchsin, die ihre Umgebung überwiegend mit Hilfe ihrer Witterung wahrnimmt, wird ihr Weg durch den dunklen Wald ins Dorf beschrieben. Die Füchsin schleicht sich an Frau Kranz vorbei, die am Tiefen See auf der Suche nach einem Motiv ist; dann begegnet sie einer weiteren Frau, die um die drei Glocken herumläuft und nach Karotten riecht.

S. 179 f.

Der Fremde in der Bäckerei

In diesem Abschnitt geht es um einen Fremden, der vor drei Wochen aufgetaucht ist, nachts bis zum Morgengrauen herumlungert und der dann jeden Morgen in der Bäckerei Zieschke einen Orangensaft trinkt und eine Puddingbrezel verzehrt. Er trägt Trainingsanzüge von Adidas. Auch auf Nachfrage gibt der Mann keine Informationen über sich preis.

3.2 Inhaltsangabe

S. 181

Um beim Flachstrocknen Diebstähle zu verhindern, werden die Geschwister Anna und Andreas Geher in dem mit warmem Flachs belegten Ofen eingesperrt. Das Mädchen stirbt (wahrscheinlich aufgrund einer Kohlenmonoxidvergiftung), der Junge überlebt schwer verletzt. Das Annenfest wird in trauriger Stimmung begangen.

14. Analepse: kurz vor dem Annenfest 1722 Tod beim Flachstrocknen

S. 182–186

Herr Schramm versucht erneut erfolglos, sich am Zigarettenautomaten eine Packung Zigaretten zu besorgen, diesmal will er Anna Gehers Ausweis zur Altersverifizierung nutzen, doch offenbar versagt die Elektronik. Herr Schramm denkt über den Zusammenhang von Nikotinkonsum und Körpergewicht nach. Anna versucht, ihn in ein Gespräch zu verwickeln, und fragt ihn, ob er wie sie in der Nacht viele Erinnerungen habe, was Herr Schramm bestätigt. Sie laufen in Richtung See und kommen an den Glocken vorbei, die unterhalb des Friedhofs neben der Promenade stehen. Reifenspuren im feuchten Untergrund weisen darauf hin, dass die Glocken erst kürzlich an die Stelle gebracht worden sind. Herr Schramm erzählt von dem usbekischen General, dessen fünftägiger Besuch der Raketenstellung vieles verändert habe, da offenbar alle Soldaten in diesen Tagen Lebensträume hätten realisieren können.

S. 187–190

Der Abschnitt besteht aus dem handschriftlich überarbeiteten Märchen *Der Ring des Kesselflickers*.[5]

Die maschinenschriftliche Version lautet: Ein alter Kesselflicker (Ort nicht entzifferbar, es ist nicht Fürstenfelde) holt eines Tages

Das Märchen *Der Ring des Kesselflickers*

---

5   Im Abschnitt S. 200 f. wird deutlich, dass die überarbeitete Version der mündlichen Variante von Johanna Schwermuth entspricht, die sie ihrem Sohn Johann erzählt.

3.2 Inhaltsangabe

Brennholz aus dem Wald. Als er sich auf dem Rückweg unter einer Kiefer ausruht, entdeckt er einen Apfel und bemerkt beim Hinein-beißen einen goldenen Ring, den er an seinen Finger steckt. Auf dem Rückweg erschrecken sich eine Gruppe von Frauen und eine Gruppe von Männern, als er ihnen mit seinem Brennholz entgegen-kommt. Zu Hause angekommen, macht er Feuer; als er bemerkt, dass die Menschen aus dem Dorf vor seinem Haus stehen, geht er zu ihnen und fragt sie, was sie wollen, woraufhin alle voller Schre-cken davonlaufen. Der Kesselflicker fragt sich, welchen Grund es für die Reaktion der Menschen geben könnte. Er legt den Ring ab, geht zum Nachbarn und erfährt dort, dass die Menschen nur einen Bund Brennholz ohne Träger gesehen haben. Es wird ihm bewusst, dass der Ring unsichtbar macht. Der Kesselflicker trägt ihn nicht mehr und geht stattdessen seiner Arbeit nach. Irgendwann aber ist er aus dem Dorf verschwunden und keiner weiß, wohin er gegan-gen ist.

Die handschriftlich überarbeitete Version lautet: Ein armer Kessel-flicker namens Jochim, der ohne Familie in Fürstenfelde lebt und dessen bedeutendster Besitz ein alter Zylinder ist, will im Wald Brennholz sammeln. Auf dem Rückweg über das verwilderte Feld am Geher'schen Gehöft fällt sein Hut zu Boden, als er ihn aufhebt, findet er einen Apfel darunter. Beim Biss in den Apfel stößt er auf etwas Hartes, das sich als goldener Ring entpuppt, den er über den Finger streift. Als er sich auf dem Rückweg mit seinem Rei-sigbündel einer Gruppe von Frauen und später einer Gruppe von Männern nähert, die sich jeweils wenig freundlich über den Kes-selflicker äußern, laufen diese erschrocken auseinander. Zu Hause angekommen, macht er Feuer und bemerkt, dass die Menschen aus dem Dorf vor seinem Haus stehen, ihn aber offenkundig nicht se-hen können. Es wird ihm so bewusst, dass der Ring seinen Träger

3.2 Inhaltsangabe

unsichtbar macht. Er nutzt die Fähigkeit des Rings noch rund ein Jahr lang und versorgt sich mit dessen Hilfe mit Nahrung; wann er mit welchem Ziel verschwunden ist, weiß die Geschichte nicht zu sagen.

S. 191
Die Füchsin schleicht an der Bäckerei vorbei und schlüpft in den Hühnerstall hinein. Die Tiere schlafen.

S. 192–198
In dem Abschnitt geht es um den kleinwüchsigen Heinz Durden, den letzten Bürgermeister Fürstenfeldes vor der Wende. In den Text montiert sind Ratschläge für den optimalen Bau eines Hühnerstalls. Nach der Flucht der Familie Schliebenhöner in den Westen 1985 eignet sich Heinz Durden deren großes Wohngebäude an. Wenn er auf dem Balkon seines neuen Hauses sitzt, blickt er in den Himmel; es beschäftigt ihn die Frage, dass er Sterne sehen kann, die längst erloschen sind – möglicherweise ist das ein Hinweis auf eine existenzielle Sinnkrise. Als er auf einer Kleintierschau den Rassehühnern von Dietmar Dietz begegnet, setzt er es sich in den Kopf, ebenfalls Hühner zu züchten. Mit Hilfe von Dietz wird ein Hühnergehege errichtet, das den Regeln eines fuchssicheren Geheges entspricht; da Durden aber eine Ziege in der Nähe des Zauns angebunden hat, die der Fuchs als eine Art „Sprungbrett" nutzen kann, gelingt es dem Fuchs gleich in der ersten Nacht, drei Hühner zu reißen. Da das Gehege keine Stelle aufweist, an der der Fuchs hätte eindringen können, weist Dietz Durden auf die Ziege hin, auf deren Rücken er Fuchshaare findet. Durden will das nicht glauben, er verweigert Dietz die Bezahlung und lässt im Dorf verbreiten, Dietz trage die Schuld für den Verlust der Tiere. Das Dorf glaubt den Anschuldigungen nicht.

*Der Bürger-
meister und der
Hühnerstallbau*

3.2 Inhaltsangabe

Nach der Wende will Durden erneut für das Amt des Bürgermeisters kandidieren; Dietz macht publik, dass Durden nach der Wende einen Brief an Modrow geschrieben hat, in dem er im Namen des Dorfes um eine Fortführung der Stasi gebeten habe. Dietz setzt sich damit zwar dem Vorwurf der Spitzeltätigkeit aus und verliert seinen Posten als Briefträger; gleichzeitig gelingt es Durden aber nicht, erneut Bürgermeister zu werden. Durden stirbt im Jahre 2005, die Familie Schliebenhöner ist zurückgekehrt und bewohnt wieder ihr eigenes Haus.

S. 199

15. Analepse:
19. Mai 1618
Wunder am
Himmel

Es wird berichtet, dass am 19. Mai 1618 sechs Sonnen am Himmel gesehen worden seien.

S. 200 f.

Johann ist nach wie vor im Kellerraum des Heimatmuseums eingesperrt. Seine Mutter kommt, öffnet aber nicht das elektronische Schloss. Sie nennt ihn „Jochim" und geht wieder weg. Johann schreit zwar kurz, als er bemerkt, dass er eingesperrt ist; danach beruhigt er sich aber wieder und beginnt damit, die Dokumente und Bücher zu lesen. Das Märchen *Der Ring des Kesselflickers* fällt ihm zufälligerweise in die Hände.

S. 202–204

16. Analepse:
30. Nov. 1599
Zwei Diebe
werden verurteilt

Am Tag des Hl. Andreas werden die Diebe und Betrüger Hinnerk Lievenmaul und Kunibert Schivelbein vor das uckermärkische Obergericht in Prenzlau geführt, wo ihnen der Prozess gemacht wird. Sie müssen sich für einen Ausbruch aus dem Prenzlauer Gefängnis verantworten, außerdem hätten sie Graf Poppo von Blankenburg beim Spiel betrogen. Die beiden Angeklagten argumentieren, dass man die Flucht aus dem Gefängnis als Verzweiflungstat betrachten

3.2 Inhaltsangabe

solle; das Geld, das sie dem Grafen von Blankenburg abgenommen hätten, stünde eigentlich den Bewohnern von Fürstenfelde zu, da der Graf seit 1514 illegalerweise eine Abgabe auf Krebse einbehalte, die der Stadtkasse zufallen müsste. Man habe der Bevölkerung von Fürstenfelde nur das zurückholen wollen, was ihr ohnehin rechtlich zustehe. Trotz der Erwiderung werden beide zum Tode verurteilt; als Ort für die Hinrichtung wählen sie Fürstenfelde aus.

S. 205 f.

Es gelingt der Füchsin, in den Hühnerstall einzudringen, beim Sprung über den Zaun verletzt sie sich am rechten Lauf. Beim Versuch, die Eier zu rauben, zerplatzen einige in ihrem Maul, es kommt zum Kampf mit dem Hahn, der sie am Auge und im Nacken verletzt. Die Füchsin flieht verletzt aus dem Hühnerstall.

S. 207–210

Herr Schramm und Anna sind noch immer zusammen und unterhalten sich. Herr Schramm denkt daran, dass er als Kind allein oder zusammen mit Imboden oder dem Großvater von Anna mit dem Schlitten über den zugefrorenen See zum Güldenstein gefahren ist, der seinen Namen dem Umstand verdankt, dass er ausschließlich in der Nacht wie Gold glänzt. Dieses Phänomen sei von Wissenschaftlern bereits untersucht worden. Herr Schramm denkt daran, dass die Suizidrate in Ländern mit höherem Wohlstand höher ist als in armen Ländern. Am Ende der Szene nähert sich eine unbekannte dritte Person mit einer Taschenlampe und verlangt von Herrn Schramm und Anna, dass sie die Hände hochheben.

Der Güldenstein im See

S. 211 f.

In dem letzten Abschnitt des zweiten Kapitels findet sich eine Tugendlehre. Vorbildhaft, „heldisch", ist der Mensch, wenn er bei-

3.2 Inhaltsangabe

Anna (Hanna Ehrlichmann) und Herr Schramm (Jochen Fahr) unterhalten sich. *Vor dem Fest* als Theaterstück am Mecklenburgischen Staatstheater 2014 © picture alliance / Jens Büttner / dpa-Zentralbild / dpa

spielsweise auf anderer Menschen Rat hört, uneigennützig handelt, wohlüberlegt spricht, eigene Unkenntnis durch Fragen behebt, hilfsbereit ist, Streitigkeiten lösungsorientiert schlichtet und ehrlich zu sich selbst ist.

Kapitel III
S. 215 f.

Es wird angeknüpft an die Geschehnisse in der 14. Analepse: Ein namentlich nicht genannter Ich-Erzähler berichtet, dass die Mutter des verstorbenen Mädchens nach ihm gerufen habe. Der Ich-Erzähler kommt dem Wunsche nach, als er zu ihr kommt, bemerkt

3.2   Inhaltsangabe

er, dass das Haus nach einem Brand stark beschädigt ist. Die Mutter selbst ist voller Trauer und spricht mit ihrem toten Kind; es rät
ihm, „heldisch" zu sein, so als ob sie das Kind lebendig zurück-
lassen würde. Der Ich-Erzähler bekennt, dass ihn die Begegnung
emotional belastet habe.

**17. Analepse:
29. Sept. 1722**
Trauer um
verstorbenes
Mädchen

S. 217–219
Die Person, die Herrn Schramm und Anna mit der Taschenlampe
anleuchtet, die Waffe auf sie richtet und sie zum Mitkommen auf-
fordert, ist Frau Schwermuth. Auf ihren wiederholten Befehl, nun
mitzukommen, reagiert Herr Schramm mit Unverständnis, Anna
zieht die Pistole aus Schramms Tasche und bedroht nun ihrerseits
Frau Schwermuth, die wiederum hält Annas Waffe für eine Armbrust.

Anna, Herr
Schramm und
Frau Kranz stehen
sich bewaffnet
gegenüber

Frau Schwermuth ist offenkundig geistig verwirrt: Sie spricht
Herrn Schramm mit Lutz an und vertritt die Ansicht, sie habe den
Kesselflicker Jochim im Keller des Heimatmuseums eingesperrt und
die Glocken gesichert. Anna hält sie für eine Verräterin, die ihr Versteck verraten wolle, damit Fürstenfelde geplündert wird. Anna beteuert, niemanden verraten zu wollen. Herr Schramm läuft schließlich entschlossen auf Frau Schwermuth zu, die ihrerseits auf den
vermeintlichen Lutz zielt.

S. 220 f.
Mitten im 30-jährigen Krieg erreicht die vom Krieg in Mitleiden-
schaft gezogene Fürstenfelder Bevölkerung, die nur noch aus Frau-
en, Kindern und Alten besteht, die Nachricht, dass eine Gruppe von
ehemaligen Söldnern plündernd und mordend übers Land ziehe.
Der alte Lutz rät den Bewohnern, sich in Gängen unter der Erde zu
verstecken. Nur eine jungen Frau, die Anna genannt wird und erst
wenige Tage zuvor ins Dorf gekommen ist, will mit einer Armbrust

**18. Analepse:
Frühherbst 1636**
Anna verteidigt
das Dorf

bewaffnet den Kampf gegen die marodierenden Söldner aufnehmen.

S. 222–224

In diesem Abschnitt denkt der Erzähler darüber nach, wer die alten Geschichten schreibt. Er macht dann Vorschläge zu sprachlichen und stilistischen Verbesserungen der historischen Überlieferung in Analepse 18, außerdem verkompliziert er die Handlung: Nach seiner Version gelingt es der historischen Anna nun nicht mehr, mit zwei gezielten Schüssen die Gegner in die Flucht zu treiben; vielmehr soll ein fiktiver Bürgermeister annehmen, Anna sei eine Verräterin, und sie mit einer Waffe bedrohen. Lutz würde Anna vertrauen und sich dem Bürgermeister in den Weg stellen. Am Ende stellt der Erzähler erneut die Frage, wer die alten Geschichten schreibe, wer sich das antue.

S. 225 f.

Herr Schramm geht auf Frau Schwermuth zu, und während der die erhobenen Hände wieder senkt, lässt auch Frau Schwermuth ihre Wasserpistole sinken. Ihre geistige Verwirrung lässt nach und sie erinnert sich, dass sie Johann im Archivarium eingeschlossen hat.

S. 227

Dieser Abschnitt umfasst nur drei Sätze, der erste Satz besteht aus einem Wort, wie auch der zweite Satz fällt er durch die Großschreibung der Buchstaben auf; der dritte Satz ist vollständig und verzichtet auf Kapitälchen. Inhaltlich geht es darum, dass es immer einer schaffe, zu schreiben.

3.2 Inhaltsangabe

S. 228 f.

Der Abschnitt enthält den Bericht des Barbiers, Wund- und Zahnarztes Johannes Michael Harthsilber, der zu einem Hufschmied gerufen wird, dessen zwölfjährige Tochter am „Wolfshunger" erkrankt ist. Das Mädchen entwickelt eine Ess-Brechsucht (Bulimie, wörtl. aus „bous" – „Ochse" und „limos" – „Hunger", also „Ochsenhunger"), die so weit führt, dass es zu einem schließlich tödlichen autokannibalistischen Exzess kommt. Kurz vor ihrem Tode verlangt das Mädchen nach einem Apfel, der unter einer einsamen Eiche wächst. Der Vater kehrt nach der erfolglosen Suche zu einer inzwischen verstorbenen Tochter zurück.

**19. Analepse:
2. Jan. 1807**
Tod eines
Mädchens

S. 230

Der Abschnitt besteht nur aus den Sätzen „Wie geht's? Muss ja" (S. 230). Die Floskel wird mit einer Formulierung beantwortet, aus der sich erschließen lässt, dass der Antwortende wenig Freude an seinem Leben hat.

S. 231 f.

Johann ist nach wie vor im Archivarium gefangen. Er denkt über die Vorteile und Nachteile verschiedener Mädchen nach, mit denen er sexuellen Kontakt haben möchte. Er zählt Wiebke, die Tochter des Metzgers, Andrea aus dem Öko-Café, die verheiratete und bereits ältere Jessie und Anna auf, die er auf einem Fahrrad gesehen hat. Er blättert in einer alten Chronik und entdeckt einen Eintrag aus dem Jahre 1615, in dem davon berichtet wird, dass eine Anna als Hexe verbrannt worden sei, da man ihr vorgeworfen hat, für den Tod von Konrad Köhler verantwortlich zu sein. Der Vorwurf stammt von der Mutter des Toten und wird damit begründet, dass sie gehört hat, dass ihr Sohn Anna einmal zurechtgewiesen habe. Unter der

Johanns Top-Liste

3.2 Inhaltsangabe

Folter bestätigt die vermeintliche Hexe den Vorwurf, sie wird am Vorabend des Annenfestes hingerichtet.

S. 233 f.
Dietz holt das Geld aus der Eierbox und zählt die übrig gebliebenen Eier. Der Erzähler erinnert daran, dass die Spitzeltätigkeit ihm nie hat nachgewiesen werden können. Dietz geht danach zum Stall, um nach den Hühnern zu sehen. Die Füchsin ist in der Nähe, sie riecht die Eier in der Box und springt auf den Tisch, um dann festzustellen, dass es für eine Füchsin nicht einfach ist, die Box zu öffnen.

S. 235–239

Frau Reiff sieht alle toten Kinder

Frau Reiff betreibt seit einigen Jahren eine Keramikwerkstatt in der ehemaligen Schmiede. Der Erzähler hebt hervor, dass Frau Reiff sich bislang nichts hat zuschulden kommen lassen.

Sie bietet Töpferkurse an, die gut besucht sind und zahlreiche Touristen in den Ort kommen lassen. Die angeblichen Kinder der Frau sind augenscheinlich nicht real, sie tragen stets andere Namen, als Geistwesen können sie feste Gegenstände nicht anfassen; der Erzähler mutmaßt, dass es vielleicht Vertriebenenkinder sein könnten. Auch das Mädchen mit der Ess-Brechsucht, von dem in der Analepse 19 die Rede ist, ist unter den Kindern. Frau Reiff stammt aus Düsseldorf und hat sich seit ihrem Umzug nach Fürstenfelde sehr gut in die Dorfgemeinschaft integriert und sich zum Beispiel in den Gemeinderat wählen lassen. Für das Annenfest hat sie sechs Apfelkuchen gebacken.

S. 240–243

Johann wird von seiner Mutter befreit

Frau Schwermuth, die offenbar unter paranoiden Schüben leidet, hat sich wieder beruhigt und geht gemeinsam mit Herrn Schramm und Anna zum Haus der Heimat zurück. Sie befreit ihren Sohn aus

3.2 Inhaltsangabe

dem Archivarium, der es ihr nicht übelnimmt, ihn eingesperrt zu
haben, da sie ja krank sei. Voller Aufregung weist sie Johann zurecht,
als sie bemerkt, dass er keine Handschuhe beim Lesen des Buches
getragen hat. An dieser Stelle wird deutlich, dass die Beschäftigung
mit der Geschichte des Dorfes ein Teil des Krankheitsbildes von Frau
Schwermuth ist, da sie aus den vergangenen Ereignissen Zeichen
für gegenwärtige Ereignisse sucht. Sie bittet ihren Sohn darum, am
nächsten Tag einige ihrer Aufgaben zu übernehmen; Johann wendet
ein, dass am Mittag seine Glöcknerprüfung stattfinden würde. Der
Erzähler lässt die beiden Figuren in der Nacht verschwinden und
betont sein historisches Interesse an Frau Schwermuth als Beispiel
für einen bestimmten Menschentyp.

S. 244

Der neue Schützenkönig heißt Werner Schramm. Das Foto des Foto-
grafen Schliebenhöner ist von einer sehr schlechten Qualität, da
man die Gesichter nicht erkennt und die Uniformen wie Schlafröcke
aussehen.

20. Analepse:
Annenfest 1929
Unscharfes Foto
vom Schützen-
könig

S. 245 f.

Die Füchsin unternimmt zahlreiche Versuche, die Eierbox zu öffnen.
Sie bemerkt, dass sich zwei Personen nähern, auch Dietmar Dietz
tritt aus dem Haus und kommt auf die Füchsin zu. Das Tier reißt
die Eierbox mit sich um und fängt mit ihrem Maul ein kleineres
Eierbehältnis aus der Box auf, bevor sie flüchtet.

S. 247

Es wird berichtet, dass eine trächtige Wölfin hat gefangen werden
können. Damit wird großer Schaden vor allem im Hinblick auf den
Viehbestand abgewendet.

21. Analepse:
27. April 1611
Eine Wölfin wird
gefangen

3.2   Inhaltsangabe

S. 248–251

Dietmar Dietz unterhält sich mit den beiden Männern, die hoffen, in Fürstenfelde eine Tanzveranstaltung zu finden. Dietz tanzt offenbar sehr gut, der Erzähler lobt ihn dafür und prophezeit, dass das allgemeine Tanzniveau im Dorf nach seinem Tode niedriger sein werde; trotz seines Tanztalents hat Dietz keine Partnerin gefunden, ein Grund sei möglicherweise, dass Dietz außerhalb des Tanzens permanent „beschämt" wirke und mit Frauen keine angemessene Konversation machen könne. Der Erzähler erwähnt erneut die Spitzeltätigkeit von Dietz, er relativiert das mögliche Vorgehen, indem er darauf verweist, dass im Dorf ohnehin alle alles von den Mitbewohnern wissen. Dietz gibt von 534 Euro Rente 300 Euro für seine Hühner aus; sollte Dietz einmal sterben, wird es im Dorf keine Rassehühner mehr geben. Auch das Fernsehen hat sich für diese Züchtung interessiert und einen Beitrag über Dietz produziert. Am Schluss des Abschnitts wird berichtet, dass Dietz nach der Rache an Bürgermeister Durden seine Anstellung verloren hat, aus dem Dorf weggegangen ist und wohl auf Baustellen gearbeitet habe. Im Jahre 2003 ist er wieder ins Dorf zurückgekommen und hat festgestellt, dass sich im Wesentlichen nicht viel verändert hat – auch die ehemaligen DDR-Politkader sind noch da und tragen nur neue Anzüge.

S. 252–254

Lada schlägt den Fremden vor der Bäckerei

Kurz vor dem Morgengrauen steht bereits der Adidas-Mann vor Zieschkes Bäckerei. Lada und Suzi, die beide die ganze Nacht gespielt haben, kommen hinzu und Lada erinnert sich daran, dass seine Mutter Angst vor dem Adidas-Mann hat, da er niemals lache. Lada provoziert den Mann, schlägt ihn, sodass er zu Boden geht, und als wieder aufsteht, hat er Blut an der Lippe. Suzi zieht Lada weg von ihm. Als die Bäckerei öffnet, betritt der Mann sofort das Ge-

3.2 Inhaltsangabe

schäft, Frau Zieschke stellt ihm Kaffee auf den gewohnten Tisch und legt eine Packung Taschentücher mit dazu. Der Wir-Erzähler nimmt das Ereignis zum Anlass, um über die Art und Weise zu berichten, wie Fremde im Dorf behandelt werden: Man begegnet ihnen mit Misstrauen, allerdings integrieren sich Fremde auch schnell, wenn sie bleiben und zur Dorfgemeinschaft gehören wollen. Der Adidas-Mann bleibt ein Fremder, man weiß nichts über ihn, außer dass er morgens in der Bäckerei isst und einen Kaffee trinkt.

S. 255 f.
Die verletzte Füchsin hat den Wald erreicht und trägt nach wie vor das Eierbehältnis in ihrem Maul. Ein Dachs will ihr sie rauben, doch bevor es zum Kampf kommt, nehmen beide Tiere die Witterung eines Wolfes auf, die Füchsin läuft schnell in ihren Bau und muss feststellen, dass die Welpen nicht mehr sind. Ihr Geruchssinn lässt sie erahnen, dass die Jungtiere vom Wolf getötet und gefressen worden sind. Die Füchsin frisst die Eier, die sie für ihre Welpen mitgebracht hat, und rollt sich in ihrem Bau ein.

Die Welpen der Füchsin sind vom Wolf gefressen worden

S. 257
In diesem nur aus drei Sätzen bestehenden Abschnitt werden Geräusche von Waldtieren beschrieben: das Schwirren der Fledermäuse, das Grunzen satter Wildschweine, das Rufen des Kauzes.

S. 258 f.
Lada tritt Straßenlaternen aus. Suzi macht ihm durch Gesten klar, dass der Adidas-Mann ihn gefragt habe, was unter dem Asphalt liege. Lada ist nach wie vor wütend auf den Mann und hätte gerne auch ihn gewartet, um ihn erneut zu schlagen.

3.2 Inhaltsangabe

Die Mühen der Füchsin waren vergeblich, ihre Welpen sind tot.
© picture alliance/ Reiner Bernhardt

S. 260 f.

Das Stichwort „Asphalt" im vorherigen Abschnitt gibt das Thema dieses Abschnittes vor: Der Erzähler führt auf, was bei Ausgrabungen im Boden von Fürstenfelde zu Tage gefördert worden ist was das und über das Leben aus vergangenen Zeiten aussagt.

S. 262

Lada und Suzi ent- rümpeln Eddies Haus

Lada und Suzi gehen zum Haus Eddies, des verstorbenen Tischlers, um es zu entrümpeln. Der Tischler hat im Dorf eine hohe Anerkennung genossen, da er sehr hilfsbereit gewesen ist. Da er aber auch alles aufgehoben hat, weil er gehofft hat, dass er das eine oder an-

dere noch brauchen kann, haben Lada und Suzi nun eine Menge
Arbeit vor sich. Die drei Töchter des Tischlers wohnen längst nicht
mehr in Fürstenfelde, weil sie dort keine Zukunftschancen gesehen haben; allerdings sind auch ihre Lebenswege nicht durchweg
positiv verlaufen; die Töchter möchten, dass das ganze Haus ohne
Unterschied entrümpelt wird. Lada und Suzi machen sich an die
Arbeit, merken nach drei Stunden aber, dass es mehr Aufwand ist,
als ursprünglich geplant. Sie machen eine Pause und Lada brennt
eigene Worte in ein Stück Holz, so wie es der Tischler auf den An-
nenfesten für die Kinder immer getan hat.

S. 268–272

Herr Schramm fährt mit einem Feldhäcksler durch das noch mehr-
heitlich schlafende Dorf. Den Feldhäcksler hat Herr Schramm im
Auftrag von „Von Blankenburg Landmaschinen" im Jahre 1994
selbst abgeholt und später restauriert. Lange ist für die Maschine kein Käufer gefunden worden, als nun doch ein Kaufvertrag
zustanden gekommen ist, ist Herr Schramm nicht sehr begeistert
darüber, dass er die Maschine nun abgeben muss. Herr Schramm
fährt gemeinsam mit Anna in dem Feldhäcksler zum Zigarettenautomaten und rammt ihn mehrfach. Ein Fenster der Pension, an
der der Automat angebracht ist, öffnet sich und Frau Mahlke fragt,
was Herr Schramm gerade mache. Herr Schramm ist überrascht
darüber, dass Frau Mahlke anwesend ist. Sie lädt ihn auf eine Zigarette ein und Herr Schramm nimmt die Einladung an. Dabei denkt
er, dass der mit Frau Mahlke verbrachte warme Sommertag, der
Frühlingstag 1994 im gerade abgeholten Feldhäcksler und die ver-
gangene Nacht, in der sich Anna um ihn gekümmert hat, doch sehr
zufriedenstellende Lebenssituationen gewesen seien.

Herr Schramm und Anna rammen den Zigarettenautomaten mit dem Feldhäcksler

3.2 Inhaltsangabe

Kapitel IV
S. 275–280

Die Geschichte des Dorfes auf Postkarten

Zum Annenfest hat Frau Reiff aus Düsseldorf die vier ältesten Postkarten des Dorfes ausfindig gemacht und neu herausgegeben. Die erste Postkarte stammt aus dem Jahre 1913 und präsentiert das Krieger-Denkmal am Friedhofshain, wo der Toten aus den Kriegen von 1864, 1866 und 1870 gedacht wird. Die zweite Postkarte zeigt ein Bild vom Annenfest des Jahres 1935, sechs Tage nach den Nürnberger Gesetzen, mithin am 21. September 1935. Das Foto, das der Fotograf Schliebenhöner gemacht hat, zeigt, dass es den Dorfbewohnern gut geht, man trägt die neueste Mode, es gibt zwei Bahnhöfe und zahlreiche Automobile. Auf der dritten Postkarte ist eine Windmühle zu sehen; vier Windmühlen hat es im Dorfe gegeben, keine von ihnen steht mehr, an einer Stelle findet sich heute nur noch ein Windrad. Auf der vierten Postkarte sieht man die Promenade des Dorfes im Jahre 1941, auf der Bank sitzt ein junges Pärchen, das kurze Zeit später heiraten und einen Sohn Herrmann bekommen wird.

S. 281–283

Anna begräbt die Pistole von Herrn Schramm

Anna läuft nach Hause, sie läuft an der Galgen-Eiche vorbei, vor der die Erde aufgewühlt ist. Sie erblickt zwei Schädel, einen will sie mit der Hilfe eines Astes aufheben. Q und Henry kommen zu ihr und laden sie auf ein Bier ein, was Anna ablehnt. Anna erkundigt sich nach der Identität der beiden Männer, die stets in Paarreimen sprechen. Sie antworten kryptisch-metaphorisch, dass sie sich als personifizierte Hoffnung angesichts einer widrigen Lebenswirklichkeit verstehen. Alle drei legen die Schädel zurück in die Grube und schütten Erde darauf. Anna legt auch Schramms Pistole dazu. Dann begleiten sie Anna nach Hause. Am Ende des Abschnitts benutzt auch der Erzähler sich reimende Sätze.

3.2 Inhaltsangabe

S. 284–286

In der Morgendämmerung läuft Suzi am See entlang. Frau Kranz hat ihr Gemälde beendet. Suzi denkt an seinen Vater und beobachtet Magdalene von Blankenburg bei ihren Yoga-Übungen. Diese weiß, dass Suzi beim Angeln sie häufig beobachtet. Er geht zu ihr und lässt sich von ihr aus einem Buch vorlesen.

Suzi und Magdalene

S. 287–289

Frau Kranz läuft nach Hause und wird vor der Bäckerei von Frau Zieschke begrüßt, die ihr zeigen will, dass ein langer Artikel über Frau Kranz in der Zeitung steht. Sie liest den Artikel, der sie als Malerin beschreibt und ihr einen guten 90. Geburtstag wünscht. Das Nachtbild ist ihrer Ansicht nach nicht gelungen, denn sie hatte sich vorgestellt, was das Dorf sähe, wenn es an ihrer Stelle gestanden hätte. Sie geht nach Hause, wäscht sich und legt sich schlafen. Der Erzähler führt am Ende aus, dass die Sonne auf ihr Lieblingsbild scheine und dass er glaube, genau zu wissen, welches ihr Lieblingsbild sei.

Frau Kranz ist ihre Dorfansicht bei Nacht nicht gelungen

S. 290 f.

Frau Kranz' Lieblingsbild ist „Der Rumäne vor dem Container für rumänische Erntehelfer an der Landstraße draußen bei Kraatz". Rumänische Arbeiter kommen stets zur Erntezeit ins Dorf, sie wohnen in eigens für sie aufgestellten Wohncontainern an der Landstraße. Im Jahre 2012 treffen sich Neonazis in der Gegend, am nächsten Tag steht „Rumänen raus" auf einem Wohncontainer. Ein rumänischer Arbeiter überschreibt morgens das „r" mit einem „H" und frühstückt dann in aller Ruhe vor dem Container. Diese Szene hält Frau Kranz auf einem Bild fest, das sie später dem Rumänen schenkt.

3.2   Inhaltsangabe

S. 292 f.

Das Annenfest ist kein gewöhnliches Dorffest

Die Rituale, mit denen das Annenfest gefeiert wird, entsprechen nicht den gängigen Vorstellungen: Weder werden magische Sprüche aufgesagt, noch die Geister der Felder beschworen. Die Landmaschinen sind nicht geschmückt, keine Mädchengruppe geht über die Felder und befiehlt den Kobolden, auch den Winter über fortzubleiben, und die Dorfgemeinschaft tanzt nicht gemeinsam um den Scheiterhaufen. Der Erzähler schließt die üblichen Vorstellungen einer Dorffeier aus, ohne mitzuteilen, wie das Fest begangen wird.

S. 294 f.

Der Morgen des Festes

Die Senioren des Dorfes sind aufgewacht. Der Erzähler berichtet von Frau Steiner, deren drei Ehemänner jeweils nach genau neun Monaten verstorben sind, ohne dass jemand im Dorf Verdacht geschöpft hat. Sie war früher eine attraktive Frau, hat rote Haare, die sie mittlerweile weiß färbt, am liebsten geht sie auf Kräutersuche in den Wald. Sie lebt mit dreizehn Katzen und verdient sich Geld mit dem Austragen von Werbeprospekten. Sie wird als fromm beschrieben und betet mit einer Steinfigur in der Hand, die die Heilige Anna, Schutzherrin der Witwen, darstellt. Das Gebet ist eher eine magische Beschwörungsformel, die an sieben Teufelinnen gerichtet ist. Auch wenn der Erzähler Frau Steiner die einschlägigen Merkmale einer Hexe zuerkennt, wird sie vom Dorf eher mit Mitleid betrachtet, da sie verwitwet, kinderlos, arm und fromm ist.

S. 296–305

Fazit der vergangenen Nacht

Das Dorf erwacht, der Erzähler zieht ein Fazit der vergangenen Nacht und stellt beruhigt fest, dass alle Einwohner noch leben und dass nichts Wichtiges vorgefallen ist. Die ersten Besucher kommen, der Übertragungswagen von Sat 1 fährt ins Dorf und sucht den

3.2 Inhaltsangabe

Parkplatz, den Navigationsgeräte fälschlicherweise ausweisen und
der in Wirklichkeit der See ist. Der Bus bleibt im Schlamm stecken,
die Beifahrerin ist Britta Hansen, die schon lange nicht mehr im
Dorf gewesen ist.

Johann will die Glöcknerprüfung machen und bittet Lada darum,
ihm beim Transport der Glocken auf den Kirchturm zu helfen. Ullis
Garage ist bereits geöffnet, einige wenige Rentner diskutieren über
den bevorstehenden Bundesligaspieltag. Imboden, Frau Reiff und
der Glöckner treffen sich und folgen dem Vortrag eines Freizeittau-
chers. Um 12 Uhr findet das antifaschistische Fahrradfahren statt,
das Frau Schwermuth leitet und zu dem 80 Teilnehmer kommen.
Der Erzähler wendet aber ein, dass Faschismus kein Problem in der
Gegend sei, sodass das Radfahren eher als vorbeugende Maßnah-
me zu begreifen sei. Auch im Heimatmuseum herrscht ein Andrang
von Besuchern, Frau Schwermuth gibt bereitwillig Auskunft, im In-
nenhof dreht das Frühstücksfernsehen, Dietmar Dietz wird wegen
seiner Hühner interviewt, Britta Hansen stellt das Tageshoroskop
vor. Johann läutet die Glocken im Beisein von Lada und Suzi.

S. 306 f.

Kurz vor dem Annenfest kommt ein Sturm auf, der Rebhühner ins
Dorf weht, die von den Dorfbewohnern gefangen und verzehrt werden. Am Morgen sollen die Räuber Hinnerk Lievenmaul und Kunibert Schivelbein auf dem Scheiterhaufen hingerichtet werden; als
das Feuer entzündet ist, kommt wieder starker Wind auf, der das
Feuer in die Stadt trägt und Häuser entzündet. In dem allgemei-
nen Durcheinander können die Verurteilten fliehen, auf ihrer Flucht
rauben sie die Glocken, die zuvor ihre Hinrichtung eingeläutet hat-
ten; sie lassen sie am Ufer stehen, da sie sie nicht mit auf das Boot
nehmen können, das sie auf die andere Uferseite bringt.

22. Analepse:
vor dem An-
nenfest 1599
Sturm und Brand
verhindern die
Festnahme zweier
Diebe

3.2   Inhaltsangabe

Kapitel V
S. 311 f.

Das Fest beginnt

Im weiteren Verlauf des Festes findet am Tiefen See die angekündigte Auktion statt, Schweine werden gegrillt, es sind rund 200 Menschen anwesend. Gölow bringt eine geschnitzte Holzfigur eines Ferkels mit Menschenkopf mit. Frau Schwermuth vermutet, dass sie über 400 Jahre alt ist, da der Name der Schnitzerin – Wegner – darauf hindeutet. Das Gemälde von Frau Kranz wird enthüllt, offenbar ist es aber ein anderes als das, welches sie nachts gemalt hat.

S. 313–315

Auftritt aller Dorfbewohner

Der Schluss des Romans versammelt alle Bewohner des Dorfes am Abend zur Auktion. Alle Figuren, die im Roman erwähnt worden sind – auch die verstorbenen Bewohner – treten nochmals auf, als Bäcker Zieschke mit der Auktion beginnt.

4 REZEPTIONS-
GESCHICHTE

5 MATERIALIEN

6 PRÜFUNGS-
AUFGABEN

3.3 Aufbau

3.3 Aufbau

ZUSAMMEN-
FASSUNG

Der Roman spielt in dem fiktiven Fürstenfelde in Brandenburg in der Gegenwart. Die erzählte Zeit reicht durch Analepsen bis zum Jahre 1587 bzw. bis in die nicht genau datierbare Zeit der Entstehung des Dorfes zurück; Erzählgegenwart sind Abend und Nacht vor dem alljährlich im Herbst stattfindenden Annenfest.

Der Text gehört zur erzählenden Literatur, das Genre entspricht dem des Heimat- bzw. Dorfromans, die narrative Struktur macht den Text zu einem multiperspektivischen Montageroman.

Die Hauptlinien der Handlungsstränge

Der Aufbau mutet auf den ersten Blick unstrukturiert, collagenhaft an. Die genauere Analyse offenbart ein **komplexes Geflecht** aus unterschiedlichen Handlungssträngen und Motiven, die an dieser Stelle aufgrund des begrenzten Umfangs dieser Erläuterung nicht alle ausgeführt werden können. Zumindest die Hauptlinien sollen aber dargestellt sein:

Die erzählte Zeit reicht von der Gegenwart bis in den Gründungsmythos des Dorfes zurück, der in der 4. Analepse erzählt wird. Sowohl in den Analepsen als auch in der Erzählgegenwart finden sich chronologisch geordnete Handlungsstränge neben scheinbar willkürlich eingefügten Einzelsequenzen. Die Analepsen bilden zeitliche Schwerpunkte aus: Insgesamt 15 von 22 Rückblicken betreffen den vergleichsweise kurzen Zeitraum von 1587 bis 1658, neun davon handeln von den beiden Räubern Lievenmaul und Schivelbein. Die restlichen sechs verteilen sich dann gleichmäßig auf das 18., 19.

Zeitliche
Einordnung

3.3   Aufbau

und 20. Jahrhundert, eine weitere Analepse mit dem Gründungsmythos ist undatiert. Die erzählte Zeit in der Erzählgegenwart folgt
gleichfalls einer chronologischen Struktur und reicht vom Vorabend
des Annenfestes bis zum Festabend am folgenden Tag.

Die Rückblicke im Handlungsverlauf

Der Überblick auf S. 67 veranschaulicht die chronologische Zuord-
nung der Rückblicke.

Ordnet man die Rückblicke innerhalb der narrativen Struktur
der Erzählgegenwart an (vgl. Abb. S. 68), so erkennt man, dass die
Rückblicke der Tendenz folgen, „jünger" zu werden, das heißt, dass
am Romanbeginn eher auf Ereignisse aus dem 16. Jahrhundert zurückgegriffen wird, während zum Ende hin eher Geschehnisse aus
dem 18.–20. Jahrhundert thematisiert werden. Blickt man auf die
Verteilung der verwendeten Textgattungen, so kann man feststellen, dass das 16. Jahrhundert überwiegend durch Berichte über
Straftaten und einige Wundererzählungen vertreten ist.

Scheiterhaufen bildet erzähleri-schen Rahmen

Einen erzählerischen Rahmen stellt das Motiv des Scheiterhaufens her: Bereits auf S. 28 wird erwähnt, dass die Errichtung des
Scheiterhaufens zu den Vorbereitungen des Festes gehöre und dass
man auf die Statik ein besonderes Augenmerk richte, da es 1599
einmal ein Unglück gegeben habe, in dessen Verlauf sich das Feuer auf benachbarte Häuser ausgebreitet habe und zwei Räuber, die
hingerichtet werden sollten, fliehen konnten. In der 22. Analepse (S. 306 f.) wird dieses Ereignis aus dem Jahre 1599 erzählt, es
wird auch erzählt, dass der Fährmann die beiden Räuber ans andere Ufer gebracht habe – beide haben überlebt und scheinen als
Q und Henry (phonologische Ähnlichkeit mit Kuno und Hinnerk)
in der Erzählgegenwart aufzutauchen; auch die Glocken befinden
sich wie seinerzeit am Tiefen See. Am Ende des Romans wird der
Scheiterhaufen entzündet. Der Scheiterhaufen wird im Roman so-

3.3 Aufbau

DIE CHRONOLOGISCHE UND GATTUNGSSPEZIFISCHE ORDNUNG DER ANALEPSEN (= A)

Frühzeit	16. Jh.	17. Jh.	18. Jh.	19. Jh.	20. Jh.
	A 22 (1599) Historischer Bericht				
	A 16 (1599) Straftatsbericht				
	A 12 (1594) Straftatsbericht	A 21 (1611) Jagdbericht			
	A 10 (1592) Wundererzählung	A 18 (1636) Historischer Bericht			
A 4 (undatiert) Gründungsmythos	A 8 (1590) Straftatsbericht	A 15 (1618) Wundererzählung	A 17 (1722) Historischer Bericht	A 19 (1807) Medizinischer Bericht	A 20 (1929) Sportbericht
Frühzeit	**16. Jh.**	**17. Jh.**	**18. Jh.**	**19. Jh.**	**20. Jh.**
	A 6 (1589) Straftatsbericht	A 13 (1619) Straftatsbericht	A 14 (1722) Unfallbericht	A 3 (1849) Wundererzählung	A 9 (1927) Straftatsbericht
	A 5 (1589) Straftatsbericht	A 11 (1658) Legende			
	A 2 (1588) Straftatsbericht	A 7 (1607) Bericht über Eigentumsstreit			
	A 1 (1587) Wundererzählung				

3.3 Aufbau

DIE ANORDNUNG DER ANALEPSEN (= A) IN DER NARRATIVEN STRUKTUR DER ERZÄHLGEGENWART

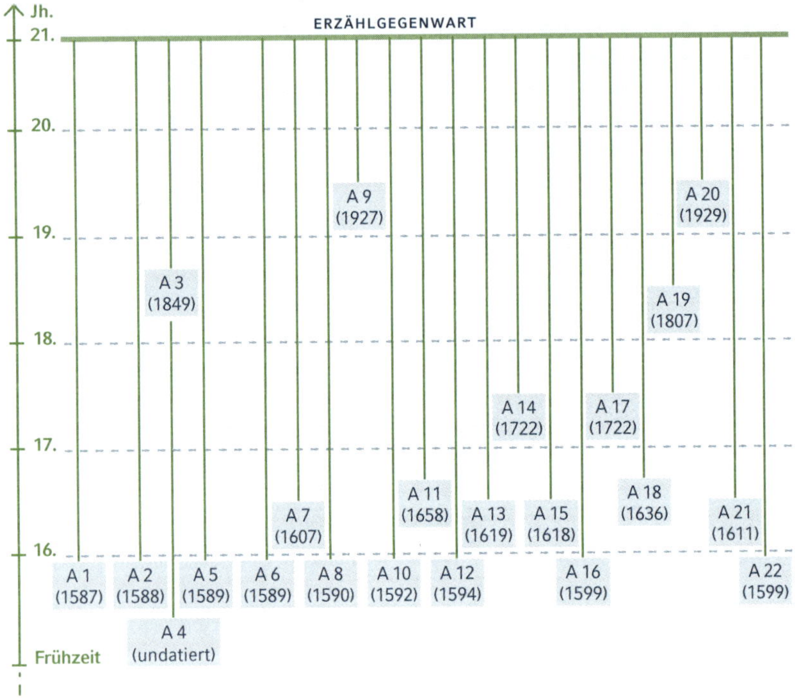

mit zum einen als Instrument der Hinrichtung verwendet, an diese
Verbindung mit dem Tod schließt sich zum anderen die Symbolik
an, die der Scheiterhaufen annimmt, wenn er auf dem Annenfest
den Abschluss mit Vergangenem und die Bereitschaft zu einem
neuen Anfang symbolisiert.

Die Funktion der
Analepsen

Die Funktion der Analepsen, die aus **Sagen, Mythen, Wundergeschichten und Berichten** bestehen, lässt sich zum einen in der

3.3 Aufbau

Erhellung der Dorfgeschichte, zum anderen in der Verbindung zwischen Geschichte und Gegenwart durch die Erwähnung von Namen („Anna") und Figuren (Lievenmaul und Schivelbein) sehen; zum Teil haben die Analepsen aber auch eine vorausdeutende Funktion: Die 19. Analepse erzählt von einem Mädchen mit „Wolfshunger", in der 21. Analepse wird eine trächtige Wölfin erlegt, schließlich ist es ein Wolf, dem die Fuchswelpen zum Opfer fallen (vgl. S. 255 f.).

Darüber hinaus ist es naheliegend, dass der kollektive Wir-Erzähler sich bei der Wiedergabe der Rückblicke im Archiv des Heimatmuseums bedient; da Frau Schwermuth wohl auch historische Texte „produziert", steht der historische Wahrheitsgehalt der Rückblicke in Frage.

Die Haupthandlungen der Erzählgegenwart

Die Haupthandlungen der Erzählgegenwart sind mit den Figuren Füchsin, Herr Schramm, Anna Geher, Familie Schwermuth und Frau Kranz verknüpft. Die folgende Übersicht auf S. 70 f. veranschaulicht das quantitative Auftreten der Figuren im Roman, die wichtigsten Begegnungen und gemeinsamen Erwähnungen sind jeweils grün hervorgehoben.

Die Übersicht zeigt, dass man Wilfried Schramm, Anna Geher, Lada und Suzi, Johann und Johanna Schwermuth und wohl auch Ana Kranz aufgrund der Häufigkeit ihres Auftretens als Hauptfiguren bezeichnen kann; hinzu kommt noch die Füchsin, die auf ihrem Weg vom eigenen Bau bis zu der Eierbox von Dietmar Dietz an fast allen Dorfbewohnern vorbeikommt. Die Übersicht macht auch deutlich, dass die nächtliche Begegnung und Fahrt von Wilfried Schramm und Anna Geher auch quantitativ verhältnismäßig viel Raum einnimmt. Alle Dorfbewohner, sogar der verstorbene Tischler Eddie und der Fährmann, feiern schließlich das Annenfest gemeinsam.

3.3 Aufbau

HAUPTSTELLEN DER JEWEILIGEN FIGURENAUFTRITTE

Figur				
Füchsin	22–24		62 f. 68	
Lada & Suzi	14–17			
Ulli	19–21	57–61	65–69	
Wilfried Schramm	25–27	41–47		108–114
Anna Geher	28–33	62 f.	79–81, 88 103	105–108 119 f.
Johanna Schwermuth				
Q & Henry				106–108
Bäcker Zieschke, Manu, Tischler Eddie, Fährmann	11–13 28			95–98 102
Olaf Gölow		34–40		
Johann Schwermuth	14–17	48–51		
Frau Kranz	28–33	54–56	84–87 91–94	99–101 103
Glöckner			73–76	
Hirtentäschel				
Dietmar Dietz				
Ein Fremder				
Frau Reiff				
Burkhardt Imboden	19–21	57–61		

3.3 Aufbau

	177 f.	191 205 f.		245 f. 255 f.		
				252–254 258 f., 262	262–267 284–286	311–315
						311–315
137–140	165–168	182–186 207–210	217–219 225 f.	268–272		311–315
	165–168	182–186 207–210	217–219 225 f.	268–272	281–283	311–315
123–128 142–145	153 f.	160–163	217–219 225 f.	240–243		311–315
					281–283	
				262–267		311–315
						311–315
130–135	155–157	200 f.	231 f.	240–243		311–315
					287–289 290 f.	311–315
147–151	153 f.					311–315
	173–176		233 f.	248–251		311–315
	179 f.			252–254		311–315
			235–239		275–280	311–315
					296–305	311–315

3.4 Personenkonstellation und Charakteristiken

ZUSAMMEN-
FASSUNG

Die Hauptpersonen sind

Robert „Lada" Zieschke:

→ sein Spitzname rührt daher, weil er als Dreizehnjähriger mit dem Lada seines Großvaters nach Dänemark gefahren ist

→ aggressiv gegenüber Fremden, verteidigt Familie, hilft beim Entrümpeln der Häuser

Johann Schwermuth:

→ 16 Jahre alt, Auszubildender im Einzelhandel (2. Lehrjahr)

→ verantwortlich für das Glockenläuten, liebt Hip-Hop und Fantasy-Rollenspiele

Johanna Schwermuth:

→ leitet „Haus der Heimat", Mitglied des Geschichtsvereins, befasst sich intensiv mit der Geschichte des Dorfes

→ leidet unter Depressionen und paranoiden Zwangsvorstellungen, ist wegen ihres Übergewichts nicht sehr beweglich, zumal alle Bemühungen zur Gewichtsreduktion scheitern

→ kann nicht gut singen, dafür aber sehr eindrucksvoll vorlesen

Suzi:

→ ist stumm, Freund von Lada, angelt gern

→ seine Haut weist Tätowierungen auf, er ist mit Magdalene von Blankenburg befreundet

3.4 Personenkonstellation und Charakteristiken

Füchsin:
→ möchte für ihre fast erwachsenen Welpen Eier stehlen
→ schleicht sich bis zu den Hühnern von Dietmar Dietz und stiehlt erfolgreich Eier aus der Eierbox
→ bei ihrer Rückkehr sind die Welpen verschwunden, die Spuren legen nahe, dass sie vom Wolf getötet worden sind

Wilfried Schramm:
→ Rentner, ehemaliger Oberstleutnant bei der NVA, Förster, arbeitet schwarz im Betrieb von „Von Blankenburg Landmaschinen"
→ geschieden, ohne Kinder
→ kritische Haltung gegenüber Fernsehsendungen
→ versucht vergeblich, sich das Leben zu nehmen, Anna hindert ihn daran und verbringt die halbe Nacht mit ihm im Auto
→ trifft beim Versuch, den Zigarettenautomaten aufzubrechen, Frau Mahlke von einer Partnervermittlung wieder

Ana Kranz:
→ Malerin, wird wenige Tage nach dem Annenfest 90 Jahre alt, vor 1945 aus dem Banat/Jugoslawien in die Uckermark geflohen, malt ausschließlich Fürstenfelde und die Gegend
→ will anlässlich des Festes ein Nachtbild des Dorfes anfertigen, das aber misslingt

3.4   Personenkonstellation und Charakteristiken

Anna Geher:
→ 18 Jahre alt, Abiturientin, wird das Dorf verlassen und in
  Rostock Schiffstechnik studieren
→ macht sich um Mitternacht auf, um joggen zu gehen
→ begegnet Herrn Schramm und will ihn vor dem Suizid bewahren
→ bereut es, ihre Kindheit in Fürstenfelde verbracht zu
  haben

Personenkonstellation

Die Beziehungen der Figuren untereinander sind komplex und daher nur recht eingeschränkt visualisier- bzw. beschreibbar. Da fast
alle Figuren der Erzählgegenwart Einwohner des Dorfes Fürstenfelde sind, existieren mutmaßlich zwischen allen Einwohnern mehr
oder weniger starke Bindungen. Die folgende Übersicht auf S. 76 f.
unternimmt den Versuch, die für den Roman wichtigen Konstella-
tionen zwischen den im Text erwähnten Figuren mit Hilfe der öffentlichen Einrichtungen (z. B. Bäckerei, Ullis Garage, Landmaschinenbetrieb, Tischlerei, Bootshaus) darzustellen.

Charakteristiken der Hauptfiguren

Wir beschränken uns im Folgenden darauf, die Figuren zu cha-
rakterisieren, die am häufigsten im Text auftauchen, das sind die
Freunde Lada und Suzi, Wilfried Schramm, Anna Geher, die Familie
Schwermuth und Ana Kranz.

3.4   Personenkonstellation und Charakteristiken

Lada und Suzi

Robert „Lada" Zieschke und Suzi gehören zusammen mit Anna Geher und Johann Schwermuth zu den jüngeren Erwachsenen des Dorfes und treten an vergleichsweise vielen Stellen auf (vgl. S. 14–17,
65–69, 252–254, 258 f. 262–267, 284–286, 311–315).

Robert (vgl. S. 265) trägt den Spitznamen **„Lada"**, weil er als Drei-
zehnjähriger mit dem gleichnamigen Auto seines Großvaters nach
Dänemark gefahren ist (vgl. S. 14). Im Zusammenhang mit einem
Auto wird er am Anfang des Romans eingeführt, er kommt wegen
hoher Geschwindigkeit von der Uferstraße ab und landet zum dritten
Male innerhalb von drei Monaten im See. Lada verkehrt regelmäßig
in Ullis Garage und fungiert dort als eine Art „Rausschmeißer" und
Geldeintreiber (vgl. S. 19–21). Er verschafft sich offenkundig mit
Gewalt Respekt. Dieses Charaktermerkmal wird auch sichtbar, als
er den Fremden vor der Bäckerei seiner Eltern verprügelt, da seine
Mutter Angst vor dem Mann hat (vgl. S. 252–254). Lada ist aggressiv, er tritt Straßenlaternen aus (vgl. S. 253, S. 258 f.), zudem ist er
von kräftiger Statur, denn ihm fällt die Aufgabe des Entrümpelns
zu, wenn wieder ein Einwohner den Ort verlassen hat oder gestor-
ben ist. Zusammen mit seinem Freund Suzi will er das Haus des
verstorbenen Tischlers Eddie leeräumen. Im Gespräch mit Suzi und
Ulli erweist er sich als wortkarg und verschlossen.

Suzi ist stumm und trägt viele Tattoos, was seiner Mutter nicht
zusagt (vgl. S. 15). Der Vater von Suzi hat die Familie offensichtlich
verlassen, schickt aber Geld für den Unterhalt (vgl. S. 284 f.). Suzi
angelt gerne (zusammen mit Johann, aber auch alleine) und verbringt viel Zeit mit Lada, der ihn offenbar ausnutzt, wenn er sich
und Johann auf Suzis Kosten in Ullis Garage einlädt (vgl. S. 17).
Suzi hilft Lada beim Entrümpeln der Wohnungen. Suzi wirkt deeskalierend, er schreitet beispielsweise ein, als Lada den Fremden
niederschlägt (vgl. S. 252–254). Auch wenn er stumm ist, kann er

Lada verschafft
sich mit Gewalt
Respekt, ist
draufgängerisch

Suzi ist zurück-
haltend und
sensibel, wirkt
deeskalierend auf
Lada

3.4 Personenkonstellation und Charakteristiken

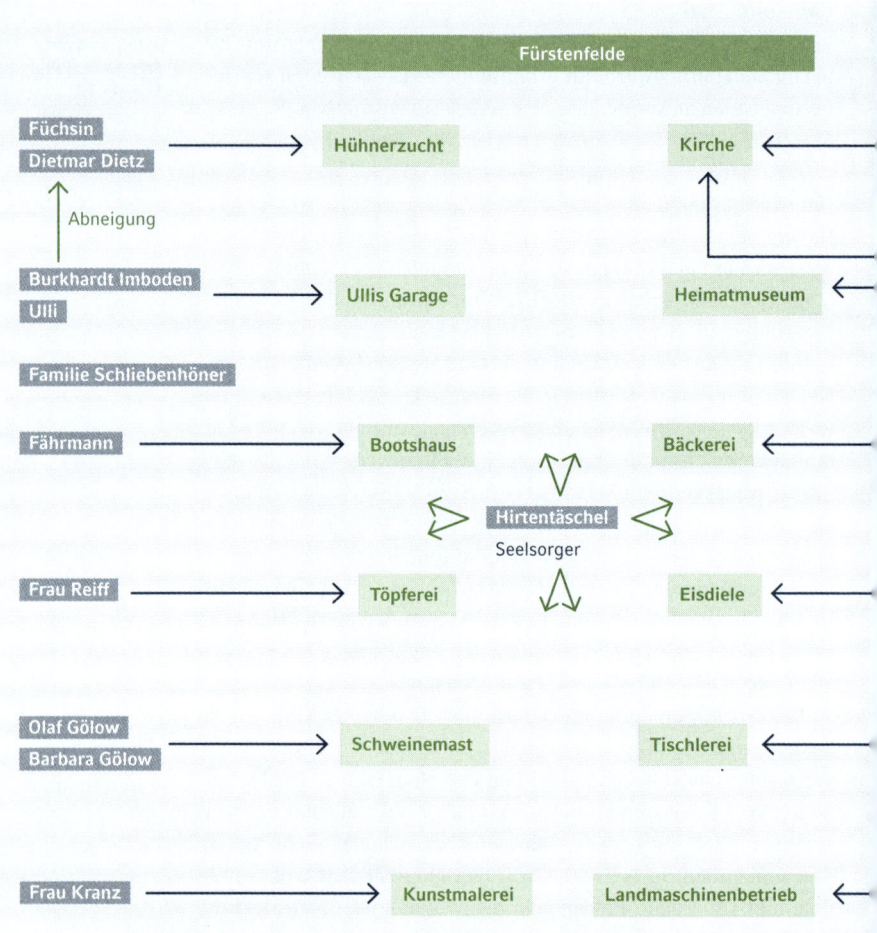

3.4 Personenkonstellation und Charakteristiken

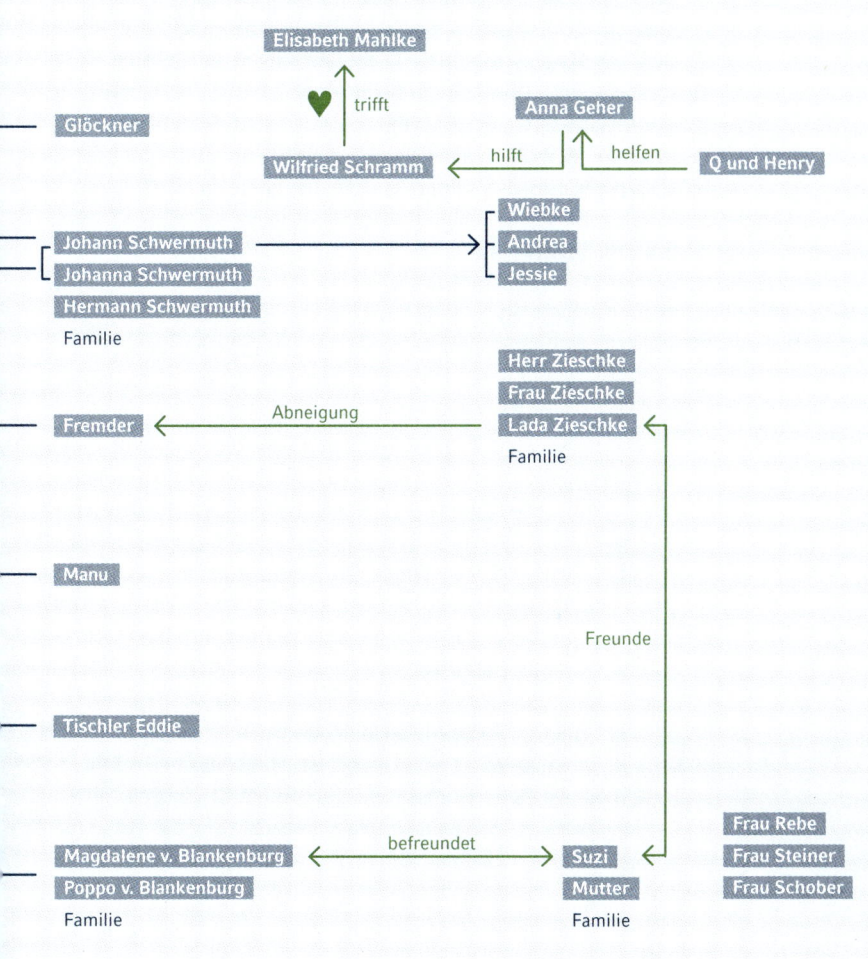

3.4   Personenkonstellation und Charakteristiken

sich gegenüber Lada doch verständlich machen (vgl. S. 258 f.). Dass Suzi ein sensibles Wesen besitzt, erkennt man daran, dass er sich von Magdalene von Blankenburg, die er – mit ihrem Wissen – häufig während des Angelns beim Yoga beobachtet, aus einem Buch vorlesen lässt (vgl. S. 284–286). Lada und Suzi sind somit durchaus konträre Charaktere; der eine draufgängerisch und aggressiv, der andere zurückhaltend und sensibel. Dennoch sind sie befreundet.

Johann Schwermuth

Ist sozial enga-
giert, hilfsbereit

Johann Schwermuth (vgl. S. 14–17, 48–51, 130–135, 155–157, 200 f., 231 f., 240–243, 311–315) ist 16 Jahre alt und im 2. Lehrjahr als Auszubildender im Einzelhandel. In seiner Freizeit ist er verantwortlich für das Glockenläuten und will die Nachfolge des Glöckners antreten, außerdem liebt er Hip-Hop-Musik und Fantasy-Rollenspiele (vgl. S. 48). Johann ist hilfsbereit, so springt er sofort in den See, als er bemerkt, dass Lada mit seinem Auto dort hineingefahren ist; er engagiert sich sozial durch seinen Kirchendienst. Die Motivation für sein Hobby, das Läuten der Kirchenglocken, ist mystisch-historisch begründet, für ihn stellt es eine Verbindung zwischen der Gegenwart und der Vergangenheit dar, es ist eine Form der Ehrbezeugung für die Leistung der Vorfahren, die das Leben weitergegeben haben:

> „Seit Anbeginn der Menschheitsgeschichte hat je ein Vorfahr von ihm mütterlicherseits und väterlicherseits überlebt und hat Leben gezeugt, (…) und wenn Johann die Glocken das nächste Mal läutet, wird er fest daran glauben, dass sie, die Ahnen, sein Läuten hören können." (S. 51)

An dieser Stelle wird der Bezug zum Motto des Romans hergestellt: „Wie krass unwahrscheinlich das ist, dass seit Jahrhunderten im-

3.4 Personenkonstellation und Charakteristiken

mer welche überlebt haben, Leben gezeugt haben, und jetzt ist man selber dieses Leben" (S. 48). Am Ende des Romans läutet Johann die Glocken im Beisein von Lada und Suzi und absolviert die Glöcknerprüfung (vgl. S. 296–305).

Johanns Verhalten gegenüber seiner Mutter ist von Empathie bestimmt: Er denkt über seine übergewichtige Mutter, die er „Mu" nennt, nach und deutet ihr Engagement im Heimatmuseum und im Geschichtsverein so, dass sie damit von eigenen Problemen ablenken will (vgl. S. 130–135). Sein verantwortungsbewusster Charakter zeigt sich auch darin, dass ihm das zerbrochene Fenster am Heimatmuseum nicht gleichgültig ist, sondern dass er in das Haus geht, um die Ursache zu erforschen (vgl. S. 155–157); dabei gerät er in das Archivarium, dessen Tür ins Schloss fällt, die sich von innen nicht öffnen lässt. Während seines unfreiwilligen Aufenthaltes reagiert er besonnen und verfällt nicht in Panik; stattdessen beginnt er damit, die Dokumente und Bücher zu lesen. Außerdem denkt er bereits an erotische Beziehungen, wenn er die verschiedenen Mädchen, die er kennengelernt hat, gedanklich Revue passieren lässt (vgl. S. 231 f.).

Empathisch und verantwortungsbewusst

Johanna Schwermuth

Johanna Schwermuth (vgl. S. 123–128, 142–145, 160–163, 217–219, 225 f., 240–243, 311–315) ist 1.60 Meter groß und 130 Kilo schwer (S. 130), sie leidet unter ihrem Übergewicht (vgl. ebd.), zumal alle Bemühungen zur Gewichtsreduktion scheitern. Im Frühling wird sie regelmäßig von einer Depression befallen, sie benötigt die Sicherheit eines regelmäßigen und stets gleichen Ablaufs. Aus Sicherheitsgründen besorgt sie sich ein Gewehr, sie wählt die Partei „Die Linke" (vgl. S. 133), außerdem behauptet sie, kleine Gegenstände zum Schweben bringen zu können. Sie kann nicht gut sin-

Depressiv im Frühling, übergewichtig

3.4 Personenkonstellation und Charakteristiken

gen, ist zu schlecht für Kirchenchor (vgl. S. 131), kann dafür sehr
eindrucksvoll vorlesen (vgl. S. 132).

Engagiert in der Geschichte des Dorfes

Sie befasst sich intensiv mit der Geschichte des Dorfes: Zusammen mit Ana Kranz, Burkhardt Imboden, Bäcker Zieschke, dem
Glöckner und dem Fährmann bildet sie den Vorstand des Heimatmuseums, dessen Leiterin sie seit 1990/91 ist. Sie organisiert Ausstellungen in den Museumsräumen, in der Erzählgegenwart werden
Kachelöfen und Alltagsgegenstände aus der DDR gezeigt. Im Keller
befindet sich hinter einer schweren Holztür ein kleiner Raum, in
dem während des Krieges offenbar Menschen versteckt worden sind
und der nun als Archiv benutzt wird, ohne dass Frau Schwermuth
allerdings öffentlich preisgibt, welche Art von Sammlung dort ange-
legt ist; nach ihrer Aussage handelt es sich um einen spektakulären
historischen Fund, der öffentlich aber nicht in seiner Gänze zugäng-
lich wird. Frau Schwermuth stellt aus dem angeblichen Konvolut
in unregelmäßigen Abständen Urkunden aus, die Abgabevorschriften oder Kaufverträge beinhalten und deren Echtheit der Erzähler
mit dem Hinweis auf das Fehlen jeglicher Altersspuren bezweifelt (vgl. S. 123–128). Es liegt Frau Schwermuth am Herzen, dass
auch das Fernsehen über Fürstenfelde berichtet, daher lädt sie das
Frühstücksfernsehen von Sat 1 immer wieder zum Annenfest ein,
am Ende des Romans trifft tatsächlich ein Übertragungswagen gemeinsam mit der aus Fürstenfelde stammenden Moderatorin Britta
Hansen ein (vgl. S. 297).

Paranoide Zwangsvorstellungen

Frau Schwermuth leidet offenkundig unter paranoiden Zwangsvorstellungen, in denen Personen aus der Ortsgeschichte auftauchen: Sie bedroht Herrn Schramm und Anna und fordert sie auf,
mitzukommen (vgl. S. 217). Als Reaktion darauf zieht Anna die Pistole aus Schramms Tasche und bedroht nun ihrerseits Frau Schwermuth, die wiederum Annas Waffe für eine Armbrust hält. Sie spricht

3.4   Personenkonstellation und Charakteristiken

Herrn Schwermuth mit Lutz[6] an und vertritt die Ansicht, sie habe den Kesselflicker Jochim im Keller des Heimatmuseums eingesperrt und die Glocken gesichert. Anna hält sie für eine Verräterin, die ihr Versteck verraten wolle, damit Fürstenfelde geplündert wird. Anna beteuert, niemanden verraten zu wollen. Herr Schramm läuft schließlich entschlossen auf Frau Schwermuth zu, die ihrerseits auf den vermeintlichen Lutz zielt. Als Herr Schramm auf Frau Schwermuth zugeht und die erhobenen Hände wieder senkt, lässt auch Frau Schwermuth ihre Wasserpistole sinken. Ihre geistige Verwirrung lässt nach und sie erinnert sich, dass sie Johann im Archivarium eingeschlossen hat (vgl. S. 225 f.). Nachdem sie ihren Sohn aus dem Archivarium befreit hat, weist sie ihn zurecht, als sie bemerkt, dass er keine Handschuhe beim Lesen eines Buches getragen hat. An dieser Stelle wird deutlich, dass die Beschäftigung mit der Geschichte des Dorfes ein Teil des Krankheitsbildes von Frau Schwermuth ist, da sie aus den vergangenen Ereignissen Zeichen für gegenwärtige Ereignisse sucht (vgl. S. 240–243).

Beim Annenfest organisiert Frau Schwermuth ein sogenanntes „antifaschistisches Fahrradfahren" mit 80 Teilnehmern, auch im Heimatmuseum gibt sie der großen Zahl von Besuchern bereitwillig Auskunft.

Johanna Schwermuth lässt sich als Beispiel für einen behutsamen und stets integrierenden Umgang mit Kranken in einer dörflichen Gemeinschaft sehen (in der Dorfgeschichte gibt es aber – wenn sie nicht von Frau Schwermuth erfunden sind – Beispiele für einen exkludierenden Umgang mit Kranken, vgl. S. 158 f.).

---

6   Der alte Lutz taucht in der 18. Analepse (1636, Frühherbst) auf. Er rät den Bewohnern, sich vor den marodierenden Soldaten zu verstecken (vgl. S. 220 f.).

3.4 Personenkonstellation und Charakteristiken

Von ihrem Ehemann und dem Vater Johanns Herrmann Schwermuth wird nur mitgeteilt, dass er 65 Kilo schwer ist (vgl. S. 130)
und gerne bastelt.

Wilfried Schramm

Wilfried Schramm tritt in vergleichsweise vielen Kapiteln auf (vgl.
S. 25–27, 41–47, 108–114, 137–140, 165–168, 182–186, 207–210,
217–219, 225 f., 268–272, 311–315), die Handlung im Zusammenhang mit seiner Person verläuft durch den ganzen Roman. Schramm
ist eine der Figuren, der der Erzähler besondere Aufmerksam-
keit widmet und dessen Charakter er besonders ausführlich darstellt.

Die Familie Schramm lebt offenbar schon seit vielen Jahren in
Fürstenfelde, da in der 20. Analepse erwähnt wird, dass auf dem Annenfeste im Jahre 1929 ein Werner Schramm neuer Schützenkönig
geworden sei (vgl. S. 244).

Wilfried Schramm diente als Oberstleutnant bei der Nationalen Volksarmee der DDR, in der Erzählgegenwart ist er Rentner
und verdient sich ohne steuerliche Anmeldung noch Geld in dem
örtlichen Landmaschinenbetrieb (vgl. S. 25–27). Er ist geschieden
und kinderlos, sucht aber eine neue Lebensgefährtin und hat zu
diesem Zwecke im vergangenen Sommer einen ganzen Tag mit
Frau Mahlke, der Vertreterin einer Partnervermittlungsagentur, verbracht und am Ende einen Partnervermittlungsvertrag unterschrie-
ben (vgl. S. 109–114). Zwischen beiden entwickelt sich offenbar
eine emotionale Bindung, denn Herr Schramm denkt sehr gerne
an diesen Tag zurück und ist glücklich, als er sie am Ende seiner
Nachtfahrt durch Fürstenfelde völlig überraschend am Fenster der
Pension stehen sieht (vgl. S. 268–272).

3.4 Personenkonstellation und Charakteristiken

Der Erzähler charakterisiert ihn direkt:

> „Herr Schramm ist ein kritischer Mann mit Haltung und Hal-
> tungsschaden. Der Haltungsschaden kommt sicher nicht vom
> Herumdrucksen. Herumgedruckst hat Wilfried Schramm nicht.
> So wie er sich auch vor niemandem gebückt hat, sich selbst gelobt
> hat, zum Schaden anderer gelogen hat. Tue Recht und scheue
> keinen. Der Haltungsschaden kommt davon, dass er lange Zeit
> vor den eigenen Fehlern auf den Knien gerutscht ist. Kommt
> davon, dass er zum Schaden anderer die Wahrheit gesagt hat,
> und dass die Wahrheit schwer gewogen hat. Konkret kommt er
> davon, dass Herr Schramm jetzt, im hohen Alter, den ganzen
> Tag über Landmaschinenmotoren gebeugt steht, wenn er nicht
> unter ihnen herumkriecht." (S. 168)

Sein Charakter wird als kritisch, selbstbewusst, egoistisch und
angstfrei beschrieben, dass er mutig ist, beweist er beim Auf-
einandertreffen mit der geistig verwirrten Frau Schwermuth (vgl.
S. 225 f.). Diese Charaktermerkmale erkennt man auch während
seiner Nachtfahrt: Nachdem es ihm nicht gelungen ist, Zigaretten
aus dem Automaten zu ziehen, beschließt er, sich umzubringen;
sein Selbstmordversuch mittels eines Auto-Unfalls scheitert ebenfalls, und während er die Pistole an seine Schläfe hebt, um sich zu
erschießen, klopft Anna an sein Fenster und rettet ihm so das Leben
(vgl. S. 137–140).

Die gemeinsam mit Anna unternommene Fahrt durch das
nächtliche Fürstenfelde, die Formen einer Groteske annimmt, als
Schramm mit einem Feldhäcksler versucht, einen Zigarettenautomaten zu zerstören, wird von Schramm als sehr zufriedenstellende
Lebenssituation beschrieben, als er am Ende Frau Mahlke wieder-

*Kritisch, selbstbe-
wusst, egoistisch,
mutig*

3.4 Personenkonstellation und Charakteristiken

trifft: „(J)a, denkt Schramm, das ist doch ganz in Ordnung alles"
(S. 272).

Die Handlung um Wilfried Schramm kommt zu einem glücklichen Ende: Ein einsamer Rentner, der seines Lebens überdrüssig
ist, erkennt, dass soziale Beziehungen am Ende eine tragfähige
Grundlage für Zufriedenheit sind.

Anna Geher

Furchtlos, ent-
schlossen,
selbstlos

Auch der Figur Anna Geher wird im Roman viel Raum gegeben
(vgl. S. 28–33, 63, 79–81, 88, 105–108, 119 f., 165–168, 182–186,
207–210, 217–219, 225 f. 268–272, 281–283, 311–315). Die Achtzehnjährige stammt aus einer alteingesessenen Fürstenfelder Familie, bereut es aber, ihre Kindheit in Fürstenfelde verbracht zu
haben (vgl. S. 185). Sie hat Abitur und wird das Dorf verlassen,
um in Rostock Schiffstechnik studieren. Anna wird als furchtlose
Frau beschrieben, die sich um Mitternacht aufmacht, um joggen
zu gehen, die sich, da sie einen Asthma-Anfall hat, von zwei Unbekannten nach Hause bringen lässt (vgl. S. 105 f.) und die „auch
zu bewaffneten Wahnsinnigen ins Auto auf einem Acker mitten in
der Nacht" (S. 165) steigt. Auf dem Weg begegnet sie dem besag-
ten „Wahnsinnigen", Herrn Schramm, der mit seinem Wagen aus
suizidaler Absicht vorsätzlich einen Unfall verursacht (vgl. S. 108).
Anna kümmert sich um Schramm (vgl. S. 119 f.), unterstützt ihn bei
seinem Versuch, Zigaretten zu bekommen und bewahrt ihn letztlich
vor der Vollendung seines Selbsttötungsversuchs.

Anna steht
symbolisch für
Geschichte und
Gegenwart des
Dorfes

Der Name „Anna" taucht in „Annenfest" auf, was die besondere
Stellung Annas im Dorfe deutlich macht; historisch sind mehrere
Trägerinnen des Namens überliefert: Eine Vorfahrin, das Mädchen
Anna Geher, stirbt 1722 kurz vor dem Annenfeste beim Flachstrock-
nen, der Bruder Andreas Geher überlebt (vgl. S. 181); auf dem Ge-
her'schen Anwesen steht die Eiche, an der üblicherweise Hinrich-

tungen vollzogen wurden (vgl. S. 160–163); aus dem Jahre 1636 wird
von einer mutigen Anna berichtet, die sich alleine gegen marodierende Soldaten stellt (vgl. S. 221). Die Figur der Anna steht symbolisch für Geschichte und Gegenwart des Dorfes, sie verkörpert
gleichzeitig Todesnähe, aber auch Empathie, Gemeinsinn und Aufbruch. Dass sie selbst den Ort verlassen will, macht sie auch zu
einem Symbol für das langsame Sterben der Ansiedlung; ob sie zurückkehren wird, dürfte fraglich, aber nicht ausgeschlossen sein.
Die Wahl ihres Studienfachs „Schiffstechnik" lässt Verbindungen
zum Fährmann und damit zu ihrer Heimat zu, deutet bildhaft durch
die Assoziation mit Wasser natürlich auch auf Ferne und Aufbruch
hin.

Frau Kranz

Ana Kranz (vgl. S. 28–33, 54–56, 84–87, 91–94, 99–101, 287–289,
290 f., 311–315) ist Malerin und begeht wenige Tage nach dem
Annenfeste ihren 90. Geburtstag; vor 1945 ist sie aus dem Ba-
nat/Jugoslawien in die Uckermark geflohen, an ihre alte Heimat
erinnert sie sich nicht mehr; sie malt ausschließlich Fürstenfelde
und seine Umgebung. Einem Journalisten präsentiert sie ihre Werke, die fast 70 Jahre Dorfgeschichte dokumentieren. Frau Kranz
hat alles gemalt, was es im Dorf und seiner näheren Umgebung
zu sehen gibt, ihre Gemälde beschränken sich dabei ausschließlich
auf die Wiedergabe des Sichtbaren, sie hängen in praktisch allen
öffentlichen Gebäuden des Ortes, eine „Lehre" will sie mit ihren
Gemälden aber nicht vermitteln (vgl. S. 84–87); sie würde gerne
etwas malen, was sich nicht malen lässt, z. B., was in der Zukunft
Realität wird, etwas, das niemand weiß, das Böse, das Durchhalten – aber sie weiß nicht, wie sie das realisieren soll (vgl. S. 94).
Für das Annenfest nimmt sie sich vor, Fürstenfelde bei Nacht zu
malen, und begibt sich deswegen zum See. Dabei erinnert sie sich

> Dokumentiert als
> Malerin bereits
> 70 Jahre die
> Dorfgeschichte

3.4 Personenkonstellation und Charakteristiken

an die Zeit kurz nach dem Zweiten Weltkrieg, als die Rote Armee
den Ort besetzt hält: Da Ana damals nicht erneut fliehen will, versteckt sie sich vor den Soldaten der Roten Armee unter einem Kahn
und wird für einige Zeit vom Fährmann aufgenommen. In dieser
Zeit zeichnet sie viel, unter anderem entwirft sie das Bild mit sechs
Frauen, die einander an den Händen halten und im See stehen (vgl.
S. 99–101).

Willensstark –
Verweis auf
zentrales Thema
des Romans: Das
Überleben

Frau Kranz trägt den Vornamen „Ana" und lässt sich damit dem
symbolisch-ideellen Bereich zuordnen, dem auch Anna zugeordnet
ist (sie treffen auf ihren jeweiligen Wegen durch die Nacht auch auf-
einander, vgl. S. 103). Ihr zentrales Charaktermerkmal ist Willensstärke, die es ihr erlaubt, ihre jugoslawische Heimat zu verlassen
und als junge Frau in Fürstenfelde neu anzufangen. „Omne solum
forti patria est. Dem Starken ist jeder Ort Heimat" (S. 94) – dieses
Motto gilt für Ana Kranz in besonderem Maße. Es ist diese Stärke,
die das Überleben des Ortes durch die Jahrhunderte gesichert
hat.

Nebenfiguren

Neben diesen Hauptfiguren treten eine ganze Reihe von Nebenfigu-
ren auf; zuweilen werden Personen namentlich genannt, die dann
aber gar nicht wie der Neonazi Ricco und seine Freundin oder nur
sehr kurz wie Magdalene von Blankenburg auftreten.

Von **Ulli** (vgl. S. 19–21, 57–61, 65–69, 311–315) wird gesagt,
dass er eine zu einem Trinkraum umgestaltete Garage als Treffpunkt der männlichen Dorfbevölkerung organisiert; er gibt damit
den Männern außerhalb ihrer Familien einen sozialen Bezugspunkt,
der dem Erfahrungsaustausch dient.

Burkhardt Imboden (vgl. S. 19–21, 57–61, 296–305) lernt seine
Frau, Fräulein Zieschke, bei einer Tanzveranstaltung kennen, ist
aber nun seit drei Jahren Witwer und Alkoholiker. Sein Vater ist

4 REZEPTIONS-
   GESCHICHTE

5 MATERIALIEN

6 PRÜFUNGS-
   AUFGABEN

3.4 Personenkonstellation und Charakteristiken

bei der Polizei gewesen und stand im Verdacht, ein Nazi zu sein.
Ein tiefe Feindschaft verbindet ihn mit Dietmar Dietz, dem er eine
Stasi-Spitzeltätigkeit während dessen Zeit als Briefträger vorwirft
(vgl. S. 248).

Die **Füchsin** (vgl. S. 22–24, 62 f., 68, 177 f., 191, 205 f., 245 f.,
255 f.) möchte für ihre fast erwachsenen Welpen Eier stehlen, sie
wandert deswegen durch das Dorf auf der Suche nach einer Beute.
Die aus der Eierbox geraubten Eier bringt sie verletzt in den Bau
zurück, wo sie feststellen muss, dass ihre Jungen mutmaßlich vom
Wolf geholt worden sind.

Herr Zieschke betreibt zusammen mit seiner Frau die Bäckerei
des Ortes; außerdem veranstaltet er auf dem Annenfest die „Kunst
und Kurioses"-Auktion (S. 28–33).

Ein anderer Unternehmer ist **Olaf Gölow**, der seit 1992 einen
Schweinezuchtbetrieb betreibt und für das jährliche Annenfest die
Grillferkel spendet, seine Frau Barbara ist an Krebs erkrankt (vgl.
S. 34–40).

Gustav ist der Glöckner des Dorfes, er ist verheiratet mit Rosa,
bereits 90 Jahre alt und läutet mit nur drei Fehltagen seit 1943 die
Glocken. Er möchte nicht mehr Glöckner sein und freut sich darauf,
das Amt in andere Hände geben zu können (vgl. S. 73–76).

Dietmar Dietz, genannt „Ditzsche", wird als Kind während der
Nazi-Zeit zur Erholung nach Fürstenfelde geschickt und nicht mehr
abgeholt. Er wächst bei der Familie Gracedieus („Gnade Gottes")
auf, die Ende der 1970er Jahre bei einem Flugzeugabsturz ums
Leben kommt. Dietz arbeitet während der DDR-Zeit als Briefträger
und wohl auch als Mitarbeiter bei der Staatssicherheit, dem Geheimdienst der DDR, jetzt ist er Rentner und züchtet Hühner, die Eier
verkauft er in einer Box vor dem Haus. Für touristische Zwecke hat
das Dorf bereits Postkarten mit dieser Eierbox anfertigen lassen.
Nachts hört er lateinamerikanische Musik.

3.4   Personenkonstellation und Charakteristiken

Imboden (Martin Brauer) und Gölow (Andreas Anke) in der Inszenierung von *Vor dem Fest* am Mecklenburgischen Staatstheater 2014
© picture alliance / Jens Büttner / dpa-Zentralbild / dpa

Frau Reiff ist aus Düsseldorf zugezogen, sie betreibt in der von ihr restaurierten Schmiede eine Keramikwerkstatt und veranstaltet sehr nachgefragte Töpferkurse; sie ist gut in die Dorfgemeinschaft integriert, engagiert sich politisch und gemeinnützig. Offenbar leidet sie unter Wahnvorstellungen, da sie irrtümlicherweise davon ausgeht, in einem Haus mit Kindern zu wohnen.

Uwe Hirtentäschel, der Seelsorger des Dorfes, ist mit 15 aus Fürstenfelde weggegangen und nach 15-jähriger Drogenabhängigkeit wieder zurückgekehrt. Nach einem Bekehrungserlebnis kümmert er sich um den geistlichen Beistand der Gemeinde, ohne je selbst eine theologische Ausbildung erhalten zu haben. Er pflegt die Kirche, veranstaltet Kurse zur christlichen Lehre und organisiert

3.4 Personenkonstellation und Charakteristiken

den Gottesdienst. Neben seinem kirchlichen Engagement stellt er Holzengel her, die er an Touristen verkauft.

Q und Henry schließlich, die mutmaßlichen Wiedergänger von Lievenmaul und Schivelbein (phonologische Ähnlichkeit mit Kuno und Hinnerk), sind grotesk-komische, mystische Figuren; sie sprechen in Paarreimen, fahren im Auto umher und hören Hip-Hop-Musik. Als sie bemerken, dass es Anna gesundheitlich nicht gut geht, bieten sie ihr an, sie nach Hause zu bringen. Anna erkundigt sich nach der Identität der beiden Männer, die darauf kryptisch-metaphorisch antworten, dass sie sich als personifizierte Hoffnung angesichts einer widrigen Lebenswirklichkeit verstehen: „,Wir – sind, was ihr gern wärt: unbeschwert, abgeklärt, Macht und dagegen Seitenhiebe, gerechte Rächer, edle Diebe. Wir sind der Furor alter Lieder, sind euer wild und euer bieder.' Leise: ,Sind zwei, die mit dem Hals in Schlingen ewig singen.'" (S. 283). Wie Anna personifizieren beide Männer Geschichte und Gegenwart des Ortes; im Besonderen personifizieren sie die Überwindung des Todes und vermitteln damit eine Hoffnung auf eine Zukunft des Dorfes, gewissermaßen als Antwort auf die im Motto des Romans gestellte Frage: „What are the chances of that like?" (S. 7).

Anna, Q und Henry personifizieren Geschichte und Gegenwart des Ortes

3.5 Sachliche und sprachliche Erläuterungen

3.5 Sachliche und sprachliche Erläuterungen

7	*For billions of years since the outset of time* *Every single one of your ancestors has survived* *Every single person on your mum and dad's side* *Successfully looked after and passed on to you life* *What are the chances of that like?* The Streets: *On the Edge of a Cliff*	*The Streets* sind eine englische Hip-Hop-Band aus Birmingham. Das Lied stammt vom Kopf der Gruppe, Michael Geoffrey Skinner, und erzählt die Geschichte eines lebensmüden Menschen, der von einer Klippe springen möchte, davon aber abgehalten wird durch die Worte eines alten Mannes, der hinter ihm steht und der ihn darauf aufmerksam macht, dass sein Leben durch Jahrhunderte von seinen Vorfahren weitergegeben wurde. Er erinnert ihn an eine Verantwortung gegenüber seinen Vorfahren, aber auch gegenüber seinen Nachfahren. Dies hält den Mann schlussendlich vom Suizid ab.
12	„den Stundentakt vom 419er"	Möglicherweise handelt es sich um die Buslinie 419 „Prenzlau–Parmen", die Fürstenfelde nicht mehr stündlich anfährt.
17	Zerveliner Heide	Naturschutzgebiet in der Uckermark
19	Sterni, Stieri, Molle mit Kompott	„Sterni": Sternburg-Bier, produziert in der Leipziger Sternburg-Brauerei „Stieri": Stierbier Premium Pilsner stammt aus der Darguner Brauerei in Mecklenburg-Vorpommern „Molle mit Kompott": berlinerisch für „Bier und Schnaps/Korn"
22	die Fähe	von mhd. „vohe" – Füchsin
22	Balg	Fell
29	Raku-Technik	spezielles Brennverfahren für Keramik
36	Die Deutschen „dürften sich für die nächsten tausend Jahre keine Schuld mehr leisten (…)."	Anspielung auf den Holocaust und die Diskussion über den angemessenen Umgang mit dieser historischen Katastrophe

3.5   Sachliche und sprachliche Erläuterungen

43	Albertina	Bibliotheca Albertina der Universität Leipzig
43	Surxondaryo	Fluss in Usbekistan
48	*The Streets*	*The Streets* sind eine englische Hip-Hop-Band aus Birmingham (s. Motto).
50	Ziegelstein	künstlich produzierter Stein, als Backstein, Klinker oder Blendziegel
50	*Nirvana*	US-amerikanische Musikgruppe
50	Grüneberg-Orgel	Orgel, die von einem Mitglied der Orgelbauerfamilie Grüneberg gemacht wurde (Orgelbau in der Familie seit der Mitte des 18. Jahrhunderts, überwiegend in Stettin)
50	beiern	Anschlagen von Glocken
51	*DDR-Bunkerforum*	tatsächlich existierende Webseite (http://www.bunkernetzwerk.de/invboard/index.php; Stand April 2018), auf der Interessierte Informationen über Bunkeranlagen der DDR austauschen
55	Banat/Banater Schwaben	Das Banat ist ein Gebiet zwischen Rumänien, Serbien und Ungarn, seit Ende des 17. Jahrhunderts Siedlungsgebiet von Deutschen, die verallgemeinernd als „Banater Schwaben" bezeichnet wurden.
55	*paysage intime*	frz. „bekannte/vertraute Landschaft", Kunstbewegung der Mitte des 19. Jahrhunderts, die anspruchslose, einfache Landschaftsbilder anfertigte, Vorläufer des Impressionismus
59	FDJ	„Freie Deutsche Jugend" – Jugendverband der sozialistischen DDR, in der sich auch die derzeitige Bundeskanzlerin Angela Merkel engagierte
60	Waldheim	In der Justizvollzugsanstalt Waldheim, 30 km entfernt von Chemnitz, saßen während der DDR-Zeit viele politische Häftlinge ein.
63	Tights, Windbreaker	Laufhosen und Jacke mit Schutz gegen Wasser und Wind

3.5 Sachliche und sprachliche Erläuterungen

76, 77	Meine Zeit steht in deinen Händen	„Meine Zeit steht in deinen Händen. Errette mich von der Hand meiner Feinde und von denen, die mich verfolgen." (Psalm 31, 15)
78	Krüger	zu norddt. „Wirtschaft" – Krugpächter, Wirt
78	Schindmähre	abwertend für altes, kraftloses Pferd
78	Covent	Dünnbier, zweiter Aufguss der Maische nach dem eigentlichen Bier
90	Tiara	arabisch-persische Kopfbedeckung, auch Krone des Papstes
91	Ami-Käfer-Bekämpfung	Angeblich sollen Amerikaner Anfang der 1950er Jahre Kartoffelkäfer über Thüringen abgeworfen haben, um die Ernte zu vernichten; Belege für diese Behauptung existieren nicht.
104	Schultze	Kurzform von Schultheiß: Rechtspfleger, auch Richter
106	Kennzeichen: UM	Autokennzeichen für „Landkreis Uckermark"
107	im Sneaker der Huf	Spielt auf die Sage vom Düvelsbad an: Der Teufel wird traditionsgemäß mit Hufen dargestellt. Drückt die Angst Annas aus.
119	„Wir sind Legenden, wir selbst, gemeinsam vorm Ende der Welt."	Vers aus dem Lied *Hinterland* des deutsch-amerikanischen Rappers Casper (bürgerl. Benjamin Griffey): *„[Strophe 1:]* *Raus von hier, das Taube spür'n,* *Nehmen nie zu viel, bisschen für's Bauchgefühl* *Die falschen Drogen zur richtigen Zeit,* *Werfen einen Schatten, wo das Licht nie scheint, für kurze Zeit* *Und über Nebenstraßen abends,* *Immer Wasser bis zum Hals, lieber Regenparka tragen* *Sprachlos, tanzen statt reden* *So müde von der Stadt, die nie schläft – Bleib in Bewegung* *Hörst du den Chor? Schief und doch schön*

3.5 Sachliche und sprachliche Erläuterungen

Höhen leicht daneben, wir sind Tiefen gewöhnt
Mit großen Augen zwischen Bahnschienen und
Schrebergärten
Arm in Arm singend über Leben, die wir nie leben
werden
So wie das Ding hier nun mal läuft
Kleinganovenbeichte mit zwei Fingern überkreuz
Wir sind Legenden, wir selbst,
Gemeinsam vor'm Ende der Welt
Willkommen zu Haus'
[Chorus:]
Wo jeder Tag aus Warten besteht
Und die Zeit scheinbar nie vergeht (vergeht, ver-
geht)
In diesem Hinterland. Verdammtes Hinterland
Wo Gedanken im Wind verwehen
Und die Zeit scheinbar nie vergeht (vergeht, ver-
geht)
Geliebtes Hinterland. Willkommen im Hinterland
[Strophe 2:]
Immer Steine schmeißen – Hauptsache laut
Für alles zu haben, für kaum was zu gebrauchen
In diesen Hinterwelten getrieben von Kindergeld
Wo Taten mehr sagen als Worte, sind die Stille
selbst
Man gibt uns zu verstehen
Die leeren Gläser der Theke sind beste Lupen
auf's Leben
Unterm Haus der Straßenlaternen um elf
Gemeinsam am Ende der Welt
Willkommen zu Haus' (...)"[7]

---

7   Text von Benjamin Griffey. Copyright: 25% EMI Music Publishing Germany GmbH, Ber-
    lin; 25% BMG Rights Management GmbH, Berlin; 25% Sony/ATV Music Publishing
    (Germany) GmbH, Berlin; 25% Universal Music Publishing GmbH, Berlin. Gesamter
    Liedtext unter https://www.rapfan.de/casper-hinterland-songtext/ (Stand April 2018).

3.5 Sachliche und sprachliche Erläuterungen

133 f.	Levitieren	Form der Psychokinese, angebliches Schweben nur mit Geisteskraft
150	Eichelhäher	Singvogel (charakteristisch ist der blaue gefärbte Teil des Flügels)
156	Foliant	lat. „folium": „das Blatt" – mittelalterliches Buch, ca. im DIN-A3-Format
158	fabuliert	plaudern, schwätzen
160	Kesselflicker	umherfahrende Handwerker, die Ausbesserungen an metallenen Gebrauchsgegenständen wie z. B. Kochtöpfen oder Kesseln vornehmen
161	Glanznylons	Strumpfhosen aus Chemiefasern
162	Metaphysik	theoretische Philosophie, die sich mit dem empirisch nicht unmittelbar Erfahrbaren befasst
170	Das Kriegsjahrhundert ist vorbei (…).	Möglicherweise ist damit der Dreißigjährige Krieg (1618–1648) gemeint.
171	Drusch	Dreschen (Herauslösen der Körner aus Getreide)
173	Erweiterte Kinderlandverschickung	Maßnahme, mit der ab 1940 Mütter und Kinder in weniger vom Krieg bedrohte Gebiete gebracht wurden
177	Färberwaid, Umbra, Zinnober	Färberwaid ist ein Pflanze, die einen blauen Farbton liefert (deutscher Indigo); Umbra: braune Erdfarbe; Zinnober, Cinnabarit: rote Mineralfarbe
181	Flachstrocknen	Stängel, die aus dem gemeinen Lein gewonnen, mikrobakteriell versetzt und getrocknet werden
183	Vergatterung	Unterstellung eines oder mehrerer Soldaten unter einen Vorgesetzten, umgangssprachlich „Belehrung"
187	Kate	Hütte
202	Aufwiegler/ Schleichhändler/ Wegelagerer	Anstifter/ein Schleichhändler handelt mit verbotenen Waren/Räuber

3.5   Sachliche und sprachliche Erläuterungen

205	Seher	jägersprachlich für Augen des Fuchses
207	3D-Bilder	Bilder, die auch einen Eindruck von Tiefe erzeugen
209	mäandern	kurvenreich, verschlungen verlaufen
215	seit dem Kriege	Möglicherweise ist damit der „Große Nordische Krieg" (1700–1721) gemeint.
223	Radschlosspistole	historischer Vorderlader mit spezieller Zündvorrichtung
233	Piazzolla	Astor Piazzolla (1921–1992), argentinischer Komponist
236	ein Ochsenauge zum Innenhof	Rundfenster
237	Film mit Patrick Swayze	gemeint ist der Film *Ghost – Nachricht von Sam* (1990) und die Szene, in der Demi Moore eine Vase töpfert
245	Branten	jägersprachlich für Füße
245	Lunte	jägersprachlich für Schwanz
248	Witz	hier: altertümlich für „Schlauheit"
260	Meerschaumspinnwirtel	einfaches Werkzeug zum Verspinnen von Fasern (aus gehärtetem Magnesit)
260	Warzenklapper	kleine Gefäße mit warzenförmigen Ausbuchtungen, vermutlich Rasseln
260	Wetzstein	Stein zum Schleifen von Messern
260	Nackenkammaxt	bronzezeitliche Axt
260	Roßtauscher	ursprünglich Pferdehändler, später setzt sich mehr und mehr eine betrügerische Konnotation durch
261	Laffe	selbstgefälliger junger Mann
261	Bodendenkmal	archäologisches Denkmal, das sich im Boden befindet, z. B. Reste von Siedlungen, Mauern

3.5 Sachliche und sprachliche Erläuterungen

265	Carwitz	Ortsteil der Gemeinde Feldberger Seenland-schaft im Landkreis Mecklenburgische Seen-platte
265	Hans Fallada	dt. Schriftsteller (1893–1947), Autor von *Kleiner Mann – was nun?* (1932)
268	Feldhäcksler	landwirtschaftliches Großgerät zur Aufnahme, Zerkleinerung, Verladung von Erntegut
269	Schweinesil	Lastkraftwagen der Nationalen Volksarmee der DDR
275	Kriege von 1864, 1866, 1870	Die sogenannten „Einigungskriege" – Deutsch-Dänischer Krieg (1864), Deutscher Krieg (1866) und Deutsch-Französischer Krieg (1870/71) – führten zur Entstehung des deutschen Kaiser-reichs.
276	Nürnberger Gesetze	1935 erlassene gesetzliche Grundlage für die Verfolgung von Juden in Deutschland
285	Sonnengruß	Yoga-Übung, in deren Verlauf das Gesicht gen Himmel gerichtet ist
286	Elritze	Kleinfisch aus der Familie der Karpfenfische

4 REZEPTIONS-
   GESCHICHTE

5 MATERIALIEN

6 PRÜFUNGS-
   AUFGABEN

3.6 Stil und Sprache

3.6 Stil und Sprache

ZUSAMMEN-
FASSUNG

Der Roman ist durch sein Montageprinzip gekennzeichnet,
das mosaikartig ein Geflecht aus verschiedenen Erzählungen entwirft. Die Analepsen sind dabei häufig gekennzeichnet
durch die Nachahmung einer altertümlichen, an das Frühneuhochdeutsche erinnernden Sprache.

Gattung, Erzählweise und -struktur

Die paratextuelle Angabe lautet „Roman", der Text wird damit der
erzählenden Literatur zugeordnet. Aufgrund der Wahl des Ortes
lässt er sich dem Genre des Heimat- oder Dorfromans zuordnen,
dabei handelt es sich um ein Genre, das Anfang des 19. Jahrhunderts einsetzt und bei dem „Heimat" im Sinne eines regional ab-
gegrenzten Raumes zu verstehen ist.[8] Charakteristisches Merkmal
seiner narrativen Struktur ist das Montage- und Multiperspektivi-
tätsprinzip; Lothar Müller bezeichnet den Text daher als einen ko-
mischen Patchwork-Provinzroman[9], Dirk Knipphals versteht ihn als
Collage aus Erinnerungsspuren bis hin zum Dreißigjährigen Krieg,
ostdeutscher Tristesse, Dorfalltag und dem Singen der Natur und
Tierwelt[10] – hinzukommen lyrische Passagen, Speisekarten, hand-
schriftliche Notizen, Märchen, Urkundeneinträge.

Montage und Mul-
tiperspektivität

Die Erzählerinstanz wird als ein „Wir"-Erzähler festgelegt, was
einigermaßen ungewöhnlich für epische Texte ist. Dieser Wir-Er-

Wir-Erzähler
mit begrenztem
Wissen

---

8   Vgl. Herweg, Nicola (2007), S. 307.
9   Müller, Lothar (2014), S. 12; vgl. auch den Auszug aus seiner Rezension auf S. 120 dieser Er-
    läuterung.
10 Knipphals, Dirk (2014), S. 15, vgl. auch den Auszug aus seiner Rezension auf S. 122 f. dieser
    Erläuterung.

3.6 Stil und Sprache

zähler erinnert an den **Chor der griechischen Tragödie**, der als Stimme der Polis zu verstehen ist; auch im Roman vertritt das „Wir" das Dorf selbst, es ist eine **kollektive Stimme**, das die Ereignisse der Vergangenheit und der Gegenwart kennt. Allerdings hat auch dieses kollektive „Ich" ein begrenztes Wissen, wenn es beispielsweise die Herkunft des Annenfestes nicht weiß oder wie der Leser überrascht ist, dass Frau Mahlke zum Annenfest gekommen ist. Auch im Hinblick auf die Tanzqualität von Dietmar Dietz ist sein Wissen begrenzt: „Vielleicht tanzt er auch gar nicht so gut, aber jemand hat es mal mit Überzeugung behauptet, und so ist dann Wahrheit draus geworden, was wissen wir schon?" (249). Wahrheit lässt sich also nicht mehr von den individuellen Überzeugungen trennen, ein allgemeiner Wahrheitsbegriff existiert nicht mehr: „Meistens geht es ja nicht darum, was stimmt, sondern darum, was die Leute glauben" (ebd.). Der kollektive Wir-Erzähler gibt damit zu, dass auch der Wahrheitsgehalt der erzählten Geschichten relativ ist. Ein Ich-Erzähler meldet sich nur mit der Figur des Johann Schwermuth zu Wort (vgl. S. 130 ff.).

Der Wir-Erzähler beschreibt nicht nur, sondern kommentiert auch durchaus ironisch und selbstbewusst: „Wer spricht? Ein ‚Wir', das es faustdick hinter den Ohren hat. Ein bescheidenes, doch durchaus selbstbewusstes Kollektivum, das sich, obwohl es in der Provinz zu Hause ist, von niemandem die Butter vom Brot nehmen lässt."[11]

Wahrheitsgehalt von Geschichten

Gleichwohl stellt der Erzähler ganz grundsätzlich die Frage, wer für die Überlieferung der alten Geschichten eigentlich verantwortlich ist, und stellt damit die **Vertrauenswürdigkeit des Erzählten** in Frage. So macht er auf S. 222–224 Vorschläge zur sprachlichen

---

11 Quilitzsch, Frank (2014), S. 31, vgl. auch den Auszug aus seiner Rezension auf S. 121 dieser Erläuterung.

3.6   Stil und Sprache

und stilistischen Verbesserungen der historischen Überlieferung in
Analepse 18 (Anna-Episode), außerdem verkompliziert er die Handlung: Nach seiner Version gelingt es der historischen Anna nun nicht
mehr, mit zwei gezielten Schüssen die Gegner in die Flucht zu treiben; vielmehr soll ein fiktiver Bürgermeister annehmen, Anna sei
eine Verräterin, und sie mit einer Waffe bedrohen. Lutz würde Anna vertrauen und sich dem Bürgermeister in den Weg stellen. Am
Ende stellt der Erzähler erneut die Frage, wer die alten Geschichten schreibe, wer sich das antue. Es gebe aber immer einen, der
schreibe, so lautet die Antwort wenige Seite später (vgl. S. 227). Un-
gelöst bleibt somit die Frage, wie vertrauenswürdig Erzähler sind
und welchen Wahrheitsgehalt Geschichten prinzipiell haben.

Wortwahl, Stil und Sprache
Die Wortwahl bedient sich überwiegend aus dem Vokabular der
Alltagssprache, in den Analepsen wird ein Sprachstand des 17.
Jahrhunderts fingiert. Poetische Gestaltungen sind **sprechende Namen**, die auf den Charakter ihres Trägers weisen oder eine über
den Träger hinausweisende Bedeutung anbieten, wie beispielsweise „Schwermuth" als Familienname einer depressiven Frau oder
„Anna" als Namensträgerin des gleichnamigen Dorffestes oder Gracedieus („Gnade Gottes") als Name der Familie, die Dietmar Dietz
aufnimmt, nachdem er nicht mehr abgeholt worden ist. Charakte-
ristisch für den **ironisch-lakonischen Erzählstil** sind parataktische
Wendungen oder sogar Einwortsätze: „Manchmal. Krempelt. Er.
Die. Ärmel. Über die Ellenbogen: So langsam." (S. 179); im vor-
liegenden Beispiel führt der Gebrauch von Einwortsätzen zu einer
Entschleunigung der Lesegeschwindigkeit, die langsamen Bewe-
gung des Mannes werden nachgeahmt – zugleich symbolisieren sie
auf syntaktischer Ebene das langsame Vergehen der Zeit im Dorf
und die Wiederkehr des Gewohnten.

3.6 Stil und Sprache

Elemente aus der Lyrik

Zuweilen sind in den Erzähltexte Elemente aus der Lyrik eingebaut: In dem versifizierten Text „Wer verrät uns" (S. 222), einem
Beispiel für **visuelle Poesie**, wird die Frage des ersten Verses durch
sukzessive Wortkürzung auf ein „Wer" im letzten Vers reduziert, die
Frage erhält somit eine größere Dringlichkeit, eine Antwort ist nicht
in Sicht. An Günter Eichs berühmtes Nachkriegsgedicht *Inventur*
(1946) erinnert die Textpassage auf S. 102.

Günter Eich: *Inventur*	Saša Stanišić: *Vor dem Fest*
Dies ist meine Mütze,	Steg, Dock, Fährmannglocke.
dies ist mein Mantel,	Gummireifen, Fähre, Kahn.
hier mein Rasierzeug	Stiefel, Türvorleger, Pflanzentopf ohne Pflanze.
im Beutel aus Leinen.	Holz, Holzwürmer, bessere Zeiten.
	Ein niedriges Bett, ein Fenster zum Ufer, eines
Konservenbüchse:	zum Wasser,
Mein Teller, mein Becher,	der Fährmann sah die Seen, auch wenn er
ich hab in das Weißblech	träumte.
den Namen geritzt.	Ein Tisch, auf dem er aus einem Teller aß, mit
	einer Gabel, einem Messer, einem Löffel.
Geritzt hier mit diesem	Ein Schrank, ein Handtuch, eine Rasierklinge.
kostbaren Nagel,	Eine Truhe, massiv, verschließbar, der Deckel
den vor begehrlichen	gewölbt.
Augen ich berge.	Feuchtigkeit, Pilz, Mäuse.
	Luke, Verschlag, Zeug.
Im Brotbeutel sind	
ein Paar wollene Socken	
und einiges, was ich	
niemand verrate,	
so dient es als Kissen	
nachts meinem Kopf.	
Die Pappe hier liegt	
zwischen mir und der Erde.	

3.6   Stil und Sprache

Die Bleistiftmine
lieb ich am meisten:
Tags schreibt sie mir Verse,
die nachts ich erdacht.

Dies ist mein Notizbuch,
dies meine Zeltbahn,
dies ist mein Handtuch,
dies ist mein Zwirn.[12]

Zwei Figuren des Romans, Q und Henry, unterhalten sich kontinuierlich in Paar- oder Binnenreimen:

> „‚Grad noch gut gegangen‘, sagt der Lange, der Schöne, und
> grinst den Schädel an.
>   ‚Christlich Begräbnis haben die nicht empfangen.‘ Der Kleine,
> der Stämmige, geht am Grubenrand in die Hocke.“ (S. 282)

Doch nicht nur lyrische Passagen finden sich, auch dramatische
Texte werden eingebaut: Frau Mahlke von der Partnervermittlung
und Herr Schramm führen über mehrere Seiten einen **dramatischen
Dialog** (vgl. S. 110–113); von Q und Henry stammt die folgende
dramatische Passage:

Elemente aus der Dramatik

> „Gemeinsam, bedächtig: ‚Wir – sind, was ihr gern wärt: unbe-
> schwert, abgeklärt, Macht und dagegen Seitenhiebe, gerechte
> Rächer, edle Diebe. Wir sind der Furor alter Lieder, sind euer
> wild und euer bieder.‘ Leise: ‚Sind zwei, die mit dem Hals in
> Schlingen ewig singen.‘“ (S. 283)

---

12   Eich, Günter (1984), S. 314.

3.6 Stil und Sprache

Reimstruktur, Montage als dramatischer Text, literarisches Zitat (Frage nach der Identität Mephistos in Goethes *Faust*) sind formale Kennzeichen von Literarizität; innerhalb der Handlung des Romans scheinen Q und Henry als Wiedergänger der beiden gerechten Räuber Hinnerk Lievenmaul und Kunibert Schivelbein aufzutreten, die im 16. Jahrhundert lebten und denen vor der geplanten Hinrichtung die Flucht gelingt (vgl. Analepsen 16 und 22). Der Eindruck der beiden auf den Wir-Erzähler ist so stark, dass der Erzähler am Ende des Kapitels die Reimstruktur übernimmt: „(…) der Abschiedsgruß ist kurzgehalten, da gehen sie schon, zwei ungleiche Gestalten, querfeldein durch die Uckermark, der eine lang und schmal, der andre kurz und stark" (S. 283).

Verfremdung

Eine Funktion des Montageprinzips ist die Verfremdung: Gewohntes, Alltägliches wird auf diese Weise etwas Besonderes, es wird von Neuem bewusst. Im Dienste der Verfremdung steht auch die **Nachahmung barocker Sprache** in den Analepsen (z. B. S. 104 und öfter); auf der einen Seite macht die Sprachstufe den historischen Abstand deutlich, auf der anderen Seite wirkt die Sprache komisch und nimmt damit den erzählten Ereignissen etwas von ihrer Ernsthaftigkeit.

3.7 Interpretationsansätze

ZUSAMMEN-FASSUNG

Vor dem Fest lässt sich als ein Werk lesen, das am Beispiel des kleinen Dorfes Fürstenfelde beschreibt, wie Menschen trotz widriger Umstände ihr Leben meistern und an nachfolgende Generationen weitergeben (Motto: „Omne solum forti patria est.").

Der Roman als Bestandsaufnahme ostdeutscher Befindlichkeit?

In der Kritik (vgl. S. 113 f. und 117 ff. dieser Erläuterung) ist immer wieder zu lesen, dass sich der Roman um ein Abbild ostdeutscher Befindlichkeit kümmere, Maxim Biller wirft dem Autor sogar vor, dass er seine eigenen Wurzeln vergessen habe und sich viel zu sehr mit deutscher Geschichte und Lebenswirklichkeit befasse. Diese Kritik zielt in das thematische Zentrum des Romans; es ist daher legitim, von ihr aus eine Gesamtinterpretation zu entwerfen, die danach fragt, ob *Vor dem Fest* als Bestandaufnahme ostdeutscher Befindlichkeit interpretiert werden kann.

Der Befund einer oberflächlichen Lektüre spricht zunächst einmal für diese Annahme: Die regionale und historische Folie bildet ein **fiktives Dorf in Brandenburg**. Es treten Figuren mit einer typischen DDR-Vergangenheit auf: Dietmar Dietz arbeitete während der DDR-Zeit als Briefträger und war wohl auch Mitarbeiter bei der Staatsicherheit, dem Geheimdienst der DDR, was die Feindschaft mit Burkhardt Imboden begründet (vgl. S. 173–176). Wegen einer Auseinandersetzung mit dem damaligen Bürgermeister Durden, dessen Brief an Modrow Dietz öffentlich machte, in dem der Bürgermeister nach der Wende um ein Fortbestehen der Staatssi-

Figuren mit typischer DDR-Vergangenheit

3.7 Interpretationsansätze

cherheit bittet, musste Dietz das Dorf verlassen (vgl. S. 198); nach seiner Rückkehr im Jahre 2003 stellt er fest, dass sich im Wesentlichen nicht viel verändert hat – auch die ehemaligen DDR-Politkader sind noch da und tragen nur neue Anzüge (vgl. S. 250 f.).

Herr Schramm ist Rentner und ehemaliger Oberstleutnant bei der Nationalen Volksarmee, der Besuch eines Generals aus dem ehemaligen Warschauer Pakt ist ihm noch in lebhafter Erinnerung (vgl. S. 41–47), auch das antifaschistische Fahrradfahren, das Frau Schwermuth beim Annenfest anbietet, spiegelt das Selbstverständnis der DDR wider, die sich als antifaschistischer Staat begriff (Mauer als „antifaschistischer Schutzwall"). Auch die immer wieder thematisierte Hoffnungslosigkeit kann Merkmal von Menschen in einer wenig entwickelten Region sein, in diesem Sinne kommentiert der Erzähler den Findling zwischen Vereinshaus und Kegelbahn: „Am Sportplatz zwischen Vereinshaus und Kegelbahn steht ein Stein. Wir haben Namen und Hoffnungen daran angeschlagen. Hat nichts gebracht" (S. 69).

Der Roman ist aber nur bei sehr oberflächlicher Lektüre ein dokumentarischer Text.

Der Erzähler bereitet den Leser gleich zu Beginn darauf vor, dass ihn die ganze Fülle des menschlichen Lebens erwartet, die mit dem Dorf Fürstenfelde verbunden ist:

> „Komm, wir nehmen dich mit. Zu deiner Namensvetterin, zu den Menschen, zum Tier. Zur Fähe, zu Schramm. In den Lebenshunger, in die Lebensmüdigkeit. Zu Kranz, zu Schwermuth. Zum Brotgeruch und Kriegsgestank. In die Rache und in die Liebe. Zu den Riesen, den Hexen, zu den Braven, den Narren. Wir sind zuversichtlich, du wirst eine passable Heldin geben.

3.7 Interpretationsansätze

Wir sind traurig, wir sind froh, richten wir, richten wir es an."
(S. 33)

Dieser Fülle entspricht gattungsmäßig die Vielzahl von Textsorten: Der Roman enthält Mythen, Legenden, Wundergeschichten. Der Wir-Erzähler ist das fiktive Dorf-Kollektiv, er verfügt über begrenztes Wissen – so weiß er z. B. nicht, warum das Annenfest gefeiert wird – und das, was er erzählt, erweckt zumindest häufig den Anschein, als ob es nicht wahr sei, insbesondere die Analepsen, die wohl aus Schwermuths Heimatmuseum stammen und dort von der Leiterin möglicherweise selbst verfasst worden sind, was zumindest nirgendwo ausdrücklich dementiert wird. Dieser **Mangel an Glaubwürdigkeit** bedeutet, dass das ostdeutsche *Setting* eher beliebig ist und genauso gut durch ein Dorf in einer anderen deutschen oder ausländischen Region hätte ersetzt werden können.

Ostdeutsches *Setting* eher beliebig

Der **unzuverlässige Erzähler** mit seinem begrenzten Wissen lädt zu der Annahme ein, dass der Roman ein in typischer postmoderner Weise inszeniertes Spiel mit der Fiktion ist. Argumente für diese Annahme sind auch, dass sich der Wir-Erzähler häufig um eine ironische Distanz bemüht und die geschilderten Ereignisse zuweilen grotesk-komisch sind. Gegen die Annahme eines postmodernen heiteren Zitate-Spiels mit dem Ziel der Unterhaltung spricht aber die Ernsthaftigkeit, mit der an zahlreichen Stellen des Textes auf ein Anliegen aufmerksam gemacht wird: Bereits das völlig **unironische Motto** weist auf diese Botschaft hin, die im gesamten Roman in immer wieder neuen Farben gestaltet wird: Es geht um das Überleben. Die Vorfahren geben den heute Lebenden die Verpflichtung mit, genauso für das Weiterleben zu kämpfen, wie sie es getan haben, trotz aller Widrigkeiten, trotz Gewalt und Tod. „Pest und Krieg, Seuche und Hungersnot, Leben und Sterben haben wir

Kein Spiel mit Fiktion, sondern ernstes Anliegen ist Thema des Romans: das Überleben

3.7 Interpretationsansätze

überlebt. Irgendwie wird es gehen" (S. 12 f.). Auch Johann drückt diese Erkenntnis aus: „Wie krass unwahrscheinlich das ist, dass seit Jahrhunderten immer welche überlebt haben, Leben gezeugt haben, und jetzt ist man selber dieses Leben" (S. 48). Und für Johann ist das Andenken an die Vorfahren, die diesen Kampf ausgefochten haben, geradezu das wichtigste Motiv des Glockenläutens: „Seit Anbeginn der Menschheitsgeschichte hat je ein Vorfahr von ihm mütterlicherseits und väterlicherseits überlebt und hat Leben gezeugt, und der Herbst ist jetzt da, und wenn Johann die Glocken das nächste Mal läutet, wird er fest daran glauben, dass sie, die Ahnen, sein Läuten hören können." (S. 51)

Religiöser Bereich

Gerade das Läuten der Glocken öffnet die Perspektive in den religiösen Raum hinein. Während der Glöckner noch über seine 70-jährige Berufstätigkeit nachdenkt und einen Kreislaufzusammenbruch erfährt, werden die Glocken von einem Unbekannten geläutet (auch der Wir-Erzähler kennt ihn nicht), und zwar in der Melodie des Kirchenlieds *Meine Zeit steht in deinen Händen* (vgl. S. 73–76).

Metaphysischer Bereich

Der metaphysische Bereich wird auch mit Q und Henry angesprochen, den mutmaßlichen Wiedergängern von Lievenmaul und Schivelbein, die ihre Identität kryptisch-metaphorisch verschlüsseln in Sätzen, die sie als personifizierte Hoffnung angesichts einer widrigen Lebenswirklichkeit verstehen lassen (vgl. S. 283). Wie Anna personifizieren beide Männer **Geschichte und Gegenwart des Ortes**; im Besonderen personifizieren sie die Überwindung des Todes und vermitteln damit eine Hoffnung auf eine Zukunft des Dorfes, gewissermaßen als Antwort auf die im Motto des Romans gestellte Frage: „What are the chances of that like?" (S. 7)

3.7 Interpretationsansätze

Die Voraussetzung dafür, dass die **Hoffnung auf ein Weiterleben** begründet ist, personifiziert die Malerin Ana Kranz, die bereits mit ihrem Vornamen dem Motivbereich zugeordnet werden kann, dem auch Anna zugeordnet ist. Ihr zentrales Charaktermerkmal ist Willensstärke, die es ihr erlaubt, ihre jugoslawische Heimat zu verlassen und als junge Frau in Fürstenfelde neu anzufangen. „Omne solum forti patria est. Dem Starken ist jeder Ort Heimat." (S. 94) – dieses Motto gilt für Ana Kranz in besonderem Maße. Es ist diese Stärke, die das Überleben des Ortes durch die Jahrhunderte gesichert hat.

Und das Motto des Romans gilt natürlich für jeden Migranten, der in einem fremden Land Fuß fassen und Heimat finden muss; insofern ist Ana Kranz durchaus ein Hinweis, dass der aus Bosnien geflohene Schriftsteller Saša Stanišić migrantenspezifische Themen verhandelt – nicht plakativ zwar, aber dennoch im thematischen Zentrum des Romans. Es ist eine Lehre, die aus der unmittelbaren Begegnung mit Krieg und Tod resultiert, aus der Vertreibung aus der Heimat und der Frage, die das Leben weitergehen kann.

Vor dem Fest erscheint somit als ein Roman, der den spezifischen Migrationshintergrund des Autors voraussetzt, in diesem Sinne ist er „Migrantenliteratur" im besten Sinne, seine Lehre wird gebündelt in dem gleich zu Romanbeginn zu findenden Satz: „Pest und Krieg, Seuche und Hungersnot, Leben und Sterben haben wir überlebt. Irgendwie wird es gehen" (S. 12). Das eigentlich Erstaunliche an der Rezeption des Romans ist, dass dieser Aspekt in der Kritik völlig untergegangen ist. Möglicherweise ist die Genre-Klassifizierung als „Migrantenliteratur" aber auch nicht wichtig, wenn man sich vor Augen führt, dass Literatur schon immer existenzielle Probleme aufgegriffen und verhandelt hat. „Dem Starken ist jeder Ort Heimat" – diese „Lehre" aus *Vor dem Fest* trifft sicherlich nicht nur auf Flüchtlinge zu, die gezwungenermaßen ihre alte Heimat ver-

3.7   Interpretationsansätze

lassen mussten, sondern auch auf diejenigen Menschen, die aus
verschiedenen Gründen fern der Heimat neu anfangen müssen.

Dass der Autor zur Gestaltung dieser „Lehre" nun nicht wie in
seinem ersten Roman einen Ort aus seiner alten Heimat Bosnien
nimmt, sondern einen fiktiven Ort in Brandenburg, ist möglicherweise von nicht allzu großer Relevanz, da Fürstenfelde nur der
Simulationsraum der literarisierten Idee ist. Es geht dem Autor
also zumindest nicht in erster Linie um die Gestaltung ostdeutscher Befindlichkeiten, sondern viel tiefergehender um die Frage,
was Heimat ausmacht und was Heimat von Menschen verlangt.

Was macht
Heimat aus?

4. REZEPTIONSGESCHICHTE

ZUSAMMEN-FASSUNG

Nach dem überaus erfolgreichen Erstling *Wie der Soldat das Grammophon repariert* war die Erwartung im Hinblick auf die Qualität des zweiten Romans von Saša Stanišić hoch; überblickt man die Rezensionen, so wurde die Erwartung nicht enttäuscht: Der Roman erhielt unter anderem im Jahre 2013 den Alfred-Döblin-Preis und im Jahre 2014 den Preis der Leipziger Buchmesse in der Kategorie „Belletristik". Das Buch wurde in 31 Sprachen übersetzt und stand auf der Spiegel-Bestsellerliste. Es wurde sowohl ästhetisch als auch inhaltlich positiv rezensiert.

Christoph Schröder beispielsweise lobt die Erzählkunst des Autors:

„Feier des Erzählens"

„Man beginnt das zu lesen, die Feier des Erzählens, mit Freude, mit großem Genuss. Doch es dauert nicht lange, bis leiser Zweifel aufkommt: So abgeklärt, so clever und smart, so perfekt durchdacht kommt Stanišić' Stil daher; stets hat er eine Pointe parat und ist in der Lage, seinen Sätzen noch einmal eine überraschende Wendung zu geben. Da ist sich einer seiner Sache sehr sicher, und das zeigt er auch.

Und dann liest man weiter und denkt: Na und? Darf man einem Autor vorwerfen, dass er weiß, wie gut er ist, wenn er doch wirklich verdammt gut ist?"[13]

---

13 Schröder 2014, S. 1 f.

Thomas Andre hebt besonders das gelungene ironische Spiel mit Klischees hervor, das der Autor beherrscht:

> „Denn was Stanišić mit seinem glänzend geschriebenen Dorf-stück gelingt, das ebenso gut als ironisch abgefederte Heimat-kunde wie literarische Tragikomödie durchgeht, ist die Indienst-nahme des Klischees, ohne dass Stereotypen noch wie solche wirken."[14]

Auch Lothar Müller nimmt den ironischen Wir-Erzähler in den Blick, mit dem Stanišić den traditionellen Dorfroman für das 21. Jahrhundert aktualisiert:

Neuerfindung des Dorfromans

> „Stanišić ist ein listiger Autor. Er maskiert seinen Chor als Stim-me des Volkes, der Tradition, aber er nutzt diese Maske, um den Dorfroman neu zu erfinden, die Chronologie und die Bio-grafien der Dorfbewohner durcheinanderzuwirbeln, die Sprach-schichten der Legenden und der Chroniken des 17. und 18. Jahr-hunderts mit dem fernsehgetränkten Slang der Gegenwart zu mischen und über einer Totengräberszene an der unterspülten Strandpromenade die Reimgewitter einer Hip-Hop-Parodie nie-dergehen zu lassen. Was dabei entsteht, ist, lange bevor der Fest-tag anbricht und die Astrologin von Sat 1 mit Kamerateam in ihrer Heimat auftaucht, ein Fest für den Leser, und man ahnt, welchen Spaß es dem Autor gemacht hat, sein Dorf mit den zwei Seen dem Berlin-Roman vorzuziehen, den er nicht geschrieben hat."[15]

---

14 Andre 2014.
15 Müller 2014, S. 12.

Einer der wenigen Kritiker, die den Roman nicht loben wollen, ist der in Prag als Sohn russisch-jüdischer Eltern geborene Maxim Biller, der Stanišić vorwirft, sich einen Teil seiner kulturellen Identität habe nehmen lassen, weil er über ein ostdeutsches Dorf schreibt, ohne selbst aus diesem Dorf oder überhaupt aus Deutschland zu kommen. Der Ansicht Billers nach solle Stanišić vielmehr den Mut aufbringen, über Migrantenthemen zu schreiben:

> „(S)ein neuer Roman spielt in einem Dorf in der Uckermark, unter ehemaligen Ossis, von denen Stanišić so viel versteht wie seine Kritiker vom jugoslawischen Bürgerkrieg, vor dem er mit 14 Jahren nach Deutschland fliehen musste. Ist dieser radikale, antibiografische Themenwechsel nur Zufall? Hat den ehemaligen Leipziger Literaturstudenten Saša Stanišić der Mut verlassen? Ist es ihm wichtiger, als Neudeutscher über Urdeutsche zu schreiben als über Leute wie sich selbst? (…) Deutschland war bis jetzt immer sehr erfolgreich, wenn es darum ging, Einwanderer und Fremde bis zur Unkenntlichkeit ihrer eigenen Identität zu integrieren, so wie die Hugenotten und die Polen im Ruhrgebiet, oder sie zu bestehlen, zu verjagen und zu vernichten, so wie die Juden. Es wird Zeit, daran etwas zu ändern – warum also nicht mit Romanen, Stücken und Rezensionen? Ich kann mir weniger unterhaltsame Revolutionen vorstellen."[16]

„Antibiografischer Themenwechsel"

Biller wirft dem Autor damit nicht nur fehlende Kenntnisse der ostdeutschen Gegebenheiten vor, er kritisiert pauschal alle Autoren mit Migrationshintergrund und wirft „Deutschland" vor, von seinen Migranten die Aufgabe der kulturellen Identität zu verlangen. Diese recht scharfe Kritik blieb nicht unkommentiert. Christopher

---

16 Biller 2014.

Schmidt weist darauf hin, dass der Preis der Leipziger Buchmesse die Kritik Billers gegenstandslos mache:

„Vielstimmiges episches Patchwork"

„Als ‚Probebohrung in der deutschen Geschichte' bezeichnete Daniela Strigl in ihrer Laudatio dieses vielstimmige epische Patchwork. Im Vorfeld der Messe hatte Maxim Biller dem Autor vorgeworfen, es sei ihm wichtiger, über Urdeutsche zu schreiben als über Neudeutsche wie sich selbst, und ihn damit auf Migrantenliteratur verpflichten wollen. Stanišićs Roman freilich pariert Billers Angriff aufs souveränste, und dass er nun zu Recht den Preis davontrug, dürfte einer unseligen Debatte ganz nebenbei den Gnadenstoß versetzen."[17]

Dirk Knipphals kontert Billers Position substanziell, indem er darauf verweist, dass Billers Ansicht von einem „rigiden Moralismus" gekennzeichnet sei, der die Qualität von Literatur letztlich nur an ihrer gesellschaftlichen Wirkung messe; Literatur dagegen solle sich den Freiraum bewahren, der ihr zustehe, ohne auf moralischen oder gesellschaftlichen Legitimationsdruck zu reagieren:

Literatur soll frei sein können von Legitimierungen

„So eine Suche nach Legitimierungen bildet ein ganz anderes Hintergrundrauschen, als der Literatur Freiheit zuzugestehen und dann zu gucken, was sie daraus macht. Irgendwo machen die Legitimierungen die Literatur ein bisschen klein. Letztlich soll man in ihr nur wiederfinden können, was man vor dem Lesen auch schon so wusste. Kein Wunder, wenn dann herauskommt, dass man die Gegenwartsliteratur – wie in den vergangenen Wochen oft zu hören war – eigentlich ziemlich langweilig findet. (…)

---

17 Schmidt 2014.

Maxim Biller hat eine Sehnsucht nach festgelegten Rollen innerhalb des Betriebs und verfehlt mit seinem Rigorismus prinzipiell die erzählerischen Freiheiten, die derzeit möglich sind und auf die man setzen sollte. Und es ist auch genau das, was man derzeit verpassen kann, wenn man sich – allzu beeindruckt von Langweiligkeitsthesen – nicht mit deutschsprachiger Gegenwartsliteratur beschäftigt. Man sollte sie nicht nach den Romanen beurteilen, die gedanklich nicht über Trendberichterstattung hinausgehen. Vielmehr kann man in ihr auf Bücher stoßen, die das Hier und Jetzt weit machen. "[18]

Für Christoph Schröder liegt die Bedeutung des Romans in einem Ausloten ostdeutscher Befindlichkeiten, ohne dass die Sphäre des Poetischen, des Literarischen dabei aufgegeben werde:

„(...) Überhaupt ist es beglückend zu sehen, wie Stanišić mit einer Technik, die eindeutig an Traditionen der amerikanischen Moderne anknüpft, in historisch und ästhetisch weit gefächerte Dimensionen vordringt.

„Historische
Tiefenbohrung"

Was er hier, auf zeitlich recht beengtem Raum (der Roman spielt in den 24 Stunden vor und während des Annenfestes), vornimmt, ist erstens eine historische Tiefenbohrung vom 16. Jahrhundert (es gibt wunderbare Passagen in einem zwischen Parodie und Imitation schwankenden Barockdeutsch) bis in die Gegenwart (wobei auch die Historie selbst wiederum nur Imagination ist; ‚Historische Genauigkeit interessiert uns nicht', so heißt es einmal).

Zweitens ist es eine ganz konkrete Bestandsaufnahme ostdeutscher Befindlichkeit; eine Offenlegung von Mentalitäten in

---

18 Knipphals 2014, S. 15.

einem Zeitalter nach allen Ideologien (mit Ausnahme des Kapitalismus, der dann alles geschluckt hat). Drittens aber auch der gelungene Versuch, all das zurückzuholen in die Sphäre des Dichterischen."[19]

Und für Thomas Andre hat Stanišić der ostdeutschen Provinz mit seinem Roman gar ein Denkmal gesetzt:

„Er setzt der uckermärkischen Provinz nicht nur ein Denkmal, er schenkt ihr auch eine lässige Selbstironie, wenn er beständig ein ‚Wir' zu Wort kommen lässt, das nichts anderes sein kann als der Dorfgeist, der in Fürstenfelde herrscht und sich nicht so schnell aus der Reserve locken lässt."[20]

Eine (sehr empfehlenswerte) Hörbuchversion, gelesen vom Autor, erschien 2014 in „Der Hörverlag".

---

19 Schröder 2014, S. 1 f.
20 Andre 2014.

5. MATERIALIEN

Definition „Montage"

„Montage, f. [(…) frz. = Zusammensetzen, Aufstellen], I. Gebrauch von Fertigteilen in der Kunst; 2. das dadurch erzeugte Produkt. Dabei werden Elemente ihrem ursprünglichen Gebrauchszusammenhang entnommen und mit anderen Teilen neu zusammengesetzt, in der Lit. durch die Übernahme von fremden Texten oder Textteilen, so dass beim Leser Assoziationen ausgelöst und verfremdende Effekte erzielt werden. Beim Film steht ,M.' für den Schnitt des Bild und Tonmaterials. – ,M.' wird häufig mit ,Collage' synonym verwendet, bei der allerdings meistens der Gebrauch von Fertigteilen anderer Medien hinzukommt. Ähnlich wie beim Begriff des künstlerischen Materials wird durch den M.begriff das Neuartige der Kunstprodukte positiv hervorgehoben. Die so produzierten Kunstwerke zeichnen sich durch verschieden starke Fragmentierung aus, die bis zur Unvereinbarkeit der montierten Bruchstücke gesteigert sein kann. Zu unterscheiden ist zwischen demonstrativen, irritierenden M.verfahren einerseits und integrierenden, verdeckten andererseits. Integrierende M., bei der die authentischen Redeabschnitte nicht als Fremdkörper, sondern illusionsfördernd wirken, wird früh praktiziert, so in G. Büchners ,Dantons Tod' (1835). Schon im 18. Jh. bringt G. Ch. Lichtenberg die engl. Tradition des *cross-reading* nach Deutschland, eine Technik, in der Zeitungstexte quer gelesen und so paradoxe Simultaneitäten hergestellt werden. Seit den Avantgardebewegungen des frühen 20. Jh.s überwiegen demonstrative Verfahren, so in der lit. M., die sich mit Großstadterfahrung und Massenmedien nach dem Ersten Weltkrieg entwickelt. Die irritierende M. widersetzt sich den Konventionen des organischen Kunstwerks und negiert durch die Zusammenführung von Kunst

> Übernahme von fremden Texten oder -teilen, die beim Leser Assoziationen oder verfremdende Effekte auslösen sollen

und Nicht-Kunst klassische Autonomievorstellungen. Formen der M. sind im 20. Jh. in allen Gattungen vertreten. Die M. als filmtechnisches Mittel wird zunächst durch V. I. Pudovkin und S. M. Eisenstein (‚Panzerkreuzer Potemkin‘, 1925) diskutiert und angewendet. In der Lyrik erproben G. Benn, H. M. Enzensberger sowie Vertreter der konkreten Poesie und Mitglieder der Wiener Gruppe M.verfahren. In der Lit. wird das zitierte Material v. a. der Presse und Reklame, aber auch der Bibel, der Mythologie, Volksliedern und Schlagern sowie klassischen Texten entnommen – so im modernen M.roman (J. Dos Passos: ‚Manhattan Transfer‘, 1925; A. Döblin: ‚Berlin Alexanderplatz‘, 1929) –, in Texten mit dokumentarischer Funktion den einschlägigen historischen Quellen (P. Weiss: ‚Marat/Sade‘, 1964). Ein verwandtes Verfahren ist die Cut-Up-Methode. – Neuerdings bietet der Hypertext offene, die M. dynamisierende Strukturen, indem Textteile durch wählbare Links verknüpft werden." [21]

Definition „Migrantenliteratur"

Identitätssuche, mehrkulturelle und mehrsprachliche Erfahrung, Deutsch als Sprache der lit. Kreativität

„Sammelbegriff, der auch für die nicht immer scharf abgrenzbaren Alternativbez. ‚Ausländerlit.‘, ‚Immigrantenlit.‘, ‚interkulturelle (mehrkulturelle) Lit.‘ steht und teilweise auch Exilantenlit. oder Exillit. einschließt. Es geht dabei um Texte von Autorinnen und Autoren anderer sprachlicher und kultureller Herkunft, die in dt. Sprache geschrieben und in dt. Kontext publiziert wurden. Von der Thematik her spiegeln viele dieser Texte die andere kulturelle Erfahrung der Autoren in ihrem Herkunftsland, ihre Identitätssuche und die Auseinandersetzung mit der Situation als Fremder in Deutschland, Österreich und der Schweiz sowie ihre individuellen und sozialpoli-

---

21 Detken 2007, S. 512.

tischen Probleme und Erfahrungen wider. Aber diese thematische Aussage ist keineswegs ein selbstverständliches Zuordnungskriterium, da die Autoren, auch wenn sie bewusst aus der Außenperspektive schreiben, nicht auf die Ausländerthematik allein festgelegt werden können. Wichtigere Kriterien sind die mehrkulturelle und mehrsprachige Erfahrung in der Minderheitensituation, die neue Perspektiven in die dt. Lit. hineinbringt, sowie der meist bewusst vollzogene Sprachwechsel von der Muttersprache zum Dt. als Sprache der lit. Kreativität bzw. die Entscheidung für die dt. Sprache bei mehrsprachig aufgewachsenen Autoren. Einige dieser Autoren publizieren jedoch auch weiter in ihrer Muttersprache oder werden durch Übersetzertätigkeit zu Kulturvermittlern zwischen Herkunfts- und Ankunftsland."[22]

Maxim Biller: *Letzte Ausfahrt Uckermark*

Maxim Biller wirft in seinem Artikel über die deutsche Gegenwartsliteratur Stanišić vor, sich allzu sehr an den deutschen Literaturbetrieb anzupassen und damit zu vergessen, dass er eigentlich die Aufgabe habe, seine Identität als Migrant auch literarisch auszudrücken. Die Rezension wurde stark eingekürzt und auf die entscheidenden Passagen reduziert:

„(…) Die deutsche Literatur ist wie der todkranke Patient, der aufgehört hat, zum Arzt zu gehen, aber allen erzählt, dass es ihm gut geht.

Während unsere Literatur stirbt, erneuert sich die Gesellschaft so radikal, als lebten wir in den Tagen der Völkerwanderung. Über

---

22 Ackermann 2007, S. 498.

sieben Millionen Menschen mit einem ausländischen Pass wohnen inzwischen in Deutschland, weitere zwölf Millionen stammen aus Familien von Einwanderern. (…)

Radikaler, antibiografischer Themenwechsel

Der Druck, dem deutsche Schriftsteller mit nicht deutschen Wurzeln ausgesetzt sind, ist nichts für Schwächlinge. Als Saša Stanišić' erster, grandioser, weil universell verständlicher Roman über das Lieben, Leben und Töten im Bosnien der neunziger Jahre erschien, musste sich Stanišić von vielen unserer Kritiker anhören, das alles sei zu verspielt, zu kitschig, na ja, eben irgendwie zu orientalisch. Wenn er über den Krieg schreiben wolle, solle er sich etwas anderes einfallen lassen als Ironie und einen Icherzähler, der auf Oskar Matzerath mache, das – so stand es irgendwo nicht besonders unauffällig zwischen den Zeilen – könne und dürfe nur der Größte Günter Grass aller Zeiten. Inzwischen wurde *Wie der Soldat das Grammofon repariert* aus dem Deutschen in 27 Sprachen übersetzt, Stanišić ist in den USA und England einer der Stars der neuen Weltliteratur wie Junot Díaz oder Jhumpa Lahiri – doch sein neuer Roman spielt in einem Dorf in der Uckermark, unter ehemaligen Ossis, von denen Stanišić so viel versteht wie seine Kritiker vom jugoslawischen Bürgerkrieg, vor dem er mit 14 Jahren nach Deutschland fliehen musste. Ist dieser radikale, antibiografische Themenwechsel nur Zufall? Hat den ehemaligen Leipziger Literaturstudenten Saša Stanišić der Mut verlassen? Ist es ihm wichtiger, als Neudeutscher über Urdeutsche zu schreiben als über Leute wie sich selbst? (…)

Deutschland war bis jetzt immer sehr erfolgreich, wenn es darum ging, Einwanderer und Fremde bis zur Unkenntlichkeit ihrer eigenen Identität zu integrieren, so wie die Hugenotten und die Polen im Ruhrgebiet, oder sie zu bestehlen, zu verjagen und zu vernichten, so wie die Juden. Es wird Zeit, daran etwas zu ändern – warum also nicht mit Romanen, Stücken und Rezensionen? Ich kann mir weniger unterhaltsame Revolutionen vorstellen."[23]

Rezensionen zum Roman *Vor dem Fest*

Die folgenden Texte bilden jeweils durch kurze und prägnante Auszüge den Hauptaspekt der Rezension ab und versuchen so, die Vielgestaltigkeit der Auseinandersetzung zu dokumentieren.

Thomas Andre: *Ostdeutsche Provinz. Null Kneipen, aber Sterni mit Schnittchen*

„(…) Es gibt nicht viel zu tun im kleinen Fürstenfelde, aber für seinen literarischen Kosmos erfindet Stanišić, der 1978 im bosnischen Višegrad geborene Erzähler, eine dramatische Zuspitzung der Nacht vor dem Höhepunkt des Jahres, dem Annenfest: Im Dorfarchiv wird eingebrochen, Frau Schwermuth dreht durch, und Herr Schramm, der ehemalige Offizier bei der NVA, überlegt, ob er sich umbringen soll. Am Nachmittag noch hat er aus Wut über einen unbotmäßigen Zigarettenautomaten auf ebendiesen geschossen. (…)

Klingt albern? Ist es. Aber auf gelungene Weise. Denn was Stanišić mit seinem glänzend geschriebenen Dorfstück gelingt, das ebenso gut als ironisch abgefederte Heimatkunde wie literarische Tragikomödie durchgeht, ist die Indienstnahme des Klischees, ohne dass Stereotypen noch wie solche wirken. (…) Er setzt der uckermärkischen Provinz nicht nur ein Denkmal, er schenkt ihr auch eine lässige Selbstironie, wenn er beständig ein ‚Wir' zu Wort kommen lässt, dass nichts anderes sein kann als der Dorfgeist, der in Fürstenfelde herrscht und sich nicht so schnell aus der Reserve locken lässt."[24]

„Glänzend geschriebenes Dorfstück"

23 Biller 2014.
24 Andre 2014.

Lothar Müller: *Wir fahren übern See, übern See*

„(…) Jetzt also hat Saša Stanišić einen Roman über die deutsche Provinz geschrieben, über das Dorf mit den zwei Seen, dessen Bild er schon aus der Balkan-Legende vom wasserteilenden Riesen kannte, ehe er es in Fürstenwerder in der Uckermark wiederfand, das im Roman Fürstenfelde heißt. (…)

Neuentwicklung des kollektiven Erzählers

Darin tritt die Figur auf, die Stanišić neu entwickelt hat: das ‚Wir‘, der kollektive Erzähler. Dieses ‚Wir‘ ist anonym und sehr geräumig, es ist die Stimme des Dorfes selbst, ein Chor, den es aus der Bühne in die Prosa verschlagen hat, ein vielstimmiges Wesen, das schon viel gesehen hat. Manchmal ist es jahrhundertealt, manchmal so aktuell wie das Fernsehen und der Lokalanzeiger.

(…) Stanišić ist ein listiger Autor. Er maskiert seinen Chor als Stimme des Volkes, der Tradition, aber er nutzt diese Maske, um den Dorfroman neu zu erfinden, die Chronologie und die Biografien der Dorfbewohner durcheinanderzuwirbeln, die Sprachschichten der Legenden und der Chroniken des 17. und 18. Jahrhunderts mit dem fernsehgetränkten Slang der Gegenwart zu mischen und über einer Totengräberszene an der unterspülten Strandpromenade die Reimgewitter einer Hip-Hop-Parodie niedergehen zu lassen. Was dabei entsteht, ist, lange bevor der Festtag anbricht und die Astrologin von Sat 1 mit Kamerateam in ihrer Heimat auftaucht, ein Fest für den Leser, und man ahnt, welchen Spaß es dem Autor gemacht hat, sein Dorf mit den zwei Seen dem Berlin-Roman vorzuziehen, den er nicht geschrieben hat (…).“[25]

---

25 Müller 2014, S. 12.

Frank Quilitzsch: *Zu nachtschlafener Zeit können Helden nicht immer Helden sein*

„(…) Wer spricht? Ein ‚Wir', das es faustdick hinter den Ohren hat. Ein bescheidenes, doch durchaus selbstbewusstes Kollektivum, das sich, obwohl es in der Provinz zu Hause ist, von niemandem die Butter vom Brot nehmen lässt. (…)

Fürstenfelde ist ein gewöhnliches deutsches Dorf im 21. Jahrhundert, ‚in dem mehr tot gehen, als geboren werden', wie es sarkastisch heißt. In dem man miteinander streitet, dann wieder feiert. Tankstelle und Gasthäuser haben längst dichtgemacht. Das Bier gibts bei Ulli in der Garage. Stanišić beschreibt die dahindämmernde und doch so lebendige Welt mit liebevollem Humor und milder Ironie. Ein wenig zu milde vielleicht. *Vor dem Fest* ist ein poetischer Chorgesang. Mittendrin jener Satz, der dem Buch als Motto dienen könnte: ‚Sei heldisch und wisse: Helden können nicht immer Helden sein, es gibt auch sonst viel zu tun.'"[26]

„Poetischer Chorgesang"

Ulrich Gutmair: *Weltgeschichte im Kleinsten*

„(…) *Vor dem Fest* erfindet eine Weltgeschichte im Kleinsten, die aber nicht als Historie, sondern als Abfolge von Legenden daherkommt, in denen die Pest wütet, die Rote Armee einmarschiert und die DDR verschwindet. Es ist ein ‚Wir', das uns aus der uckermärkischen Welt berichtet. Der sehr gut gelaunte und witzige Erzähler repräsentiert das Kollektiv der wenigen lebenden Dorfbewohner und ihrer ungezählten Ahnen, die über das Jetzt sinnieren und über das, was vorher war.

„Weltgeschichte im Kleinsten"

Auch wenn das Vorher möglicherweise aus der blühenden Fantasie der Dorfarchivarin Johanna Schwermuth stammt, gibt es doch

---

26 Quilitzsch 2014. S. 31.

Fakten, an denen die Fürstenfelder nicht vorbei kommen. ‚Es gehen mehr tot, als geboren werden. Wir hören die Alten vereinsamen. Sehen den Jungen beim Schmieden zu von keinem Plan. Oder vom Plan, wegzugehen. Im Frühling haben wir den Stundentakt vom 419er eingebüßt.'"[27]

Dirk Knipphals: *Die Erweiterung des Hier und Jetzt*

„Auch Maxim Billers Generalabrechnung mit der Migrantenliteratur neulich in der *Zeit*, die für so viel Aufsehen gesorgt hat, fußte im Kern auf einem rigiden Moralismus. Die Qualität von Literatur bemaß er einzig an ihrer gesellschaftlichen Wirkung. Literarisches Spiel erhielt sofort den Anstrich von Verrat an der Sache und von ‚Onkel-Tom-Literatur'. Gerechtfertigt ist für Biller offenbar nur ein Schreiben, das wie eine Bußpredigt funktioniert.

So eine Suche nach Legitimierungen bildet ein ganz anderes Hintergrundrauschen, als der Literatur Freiheit zuzugestehen und dann zu gucken, was sie daraus macht. Irgendwo machen die Legitimierungen die Literatur ein bisschen klein. Letztlich soll man in ihr nur wiederfinden können, was man vor dem Lesen auch schon so wusste. Kein Wunder, wenn dann herauskommt, dass man die Gegenwartsliteratur – wie in den vergangenen Wochen oft zu hören war – eigentlich ziemlich langweilig findet.

„Bücher, die das Hier und Jetzt weit machen"

(…) Maxim Biller hat eine Sehnsucht nach festgelegten Rollen innerhalb des Betriebs und verfehlt mit seinem Rigorismus prinzipiell die erzählerischen Freiheiten, die derzeit möglich sind und auf die man setzen sollte. Und es ist auch genau das, was man derzeit verpassen kann, wenn man sich – allzu beeindruckt von Langweiligkeitsthesen – nicht mit deutschsprachiger Gegenwartsliteratur

———

27 Gutmair 2014, S. 16.

beschäftigt. Man sollte sie nicht nach den Romanen beurteilen, die gedanklich nicht über Trendberichterstattung hinausgehen. Vielmehr kann man in ihr auf Bücher stoßen, die das Hier und Jetzt weit machen."[28]

---

28   Knipphals 2014, S. 15.

6. PRÜFUNGSAUFGABEN MIT MUSTERLÖSUNGEN

Unter www.königserläuterungen.de/download finden Sie im Internet
zwei weitere Aufgaben mit Musterlösungen.

Die Zahl der Sternchen bezeichnet das Anforderungsniveau der jeweiligen
Aufgabe.

Der Roman bietet eine Fülle von Anknüpfungspunkten für kreative
Schreibaufgaben. Beispiele dafür könnten etwa sein:

→ Schreiben Sie mehrere weitere Analepsen, die durch das narra-
  tive Gefüge des Romans ihre Plausibilität erlangen.
→ Was geht Anna Geher durch den Kopf, als sie Herrn Schramm
  mit einer Waffe im Auto sieht (vgl. S. 140 und 165)? Schreiben
  Sie einen inneren Monolog.
→ Schreiben Sie einen Werbetext für Fürstenfelde, mit dem Sie
  Touristen, aber auch mögliche neue Einwohner ansprechen
  können.

Wegen der Problematik der Erstellung halbwegs allgemeinverbind-
licher Lösungsvorschläge für solche kreativen Aufgabenstellungen
werden im Folgenden keine produktiven Aufgabenformen, sondern ausschließlich interpretierende und analysierende Aufgabenformen vorgeschlagen. Mögliche inhaltliche Bewertungsmaßstäbe
für kreative Aufgaben lassen sich aber auch aus den folgenden The-
menstellungen ableiten.

Aufgabe 1 *
Der Weg der Fähe – Analyse, Funktion, Interpretation

a) Fassen Sie die Textpassagen zusammen, in denen die Fähe erwähnt wird.
b) Welche Funktion kommt der Fähe im Handlungskontext des Romans zu? Überlegen Sie, warum der Erzähler ausgerechnet eine Tierperspektive wählt.

Mögliche Lösung in knapper Fassung:

a) Eine Füchsin, die vor ihrem Bau zwei Welpen bewacht, fasst den Plan, Eier für ihren Nachwuchs zu stehlen (vgl. S. 22–24). Sie macht sich um Mitternacht herum auf den Weg in das Dorf und passiert dabei einen Dachs und eine Wildschweinrotte, die sie jeweils mit ihrem Geruchssinn wahrnimmt und charakterisiert. Auf ihrem weiteren Weg kommt sie bei Ulli und Lada vorbei, die nach dem Aufräumen noch vor der Garage sitzen (vgl. S. 65–69). Dann schleicht die Füchsin an Frau Kranz vorbei, die am Tiefen See auf der Suche nach einem Motiv ist; sie begegnet einer weiteren Frau, die um die drei Glocken herumläuft und nach Karotten riecht (vgl. S. 177 f.). Schließlich schleicht sie an der Bäckerei vorbei und schlüpft in den Hühnerstall hinein (S. 191). Nach dem Kampf mit dem Hahn, der sie am Auge und im Nacken verletzt, flieht die Füchsin verletzt aus dem Hühnerstall (vgl. S. 205 f.). Dann riecht sie die Eier in der Box und springt auf den Tisch, um anschließend festzustellen, dass es für eine Füchsin nicht einfach ist, die Box zu öffnen (vgl. S. 233 f.). Als Dietmar Dietz und zwei fremde Personen sich nähern, reißt sie den Eierbehälter mit sich um und fängt mit ihrem Maul ein kleineres Eierbehältnis auf, bevor sie flüchtet (vgl. S. 245 f.). Die verletzte Füchsin hat den Wald erreicht und trägt nach wie vor den Eierkarton in ihrem Maul. Ein Dachs will ihr sie rauben, doch bevor es zum

ZUSAMMEN-FASSUNG

Kampf kommt, nehmen beide Tiere die Witterung eines Wolfes auf, die Füchsin läuft schnell in ihren Bau und muss feststellen, dass die Welpen nicht mehr sind. Ihr Geruchssinn lässt sie erahnen, dass die Jungtiere vom Wolf getötet und gefressen wurden. Die Füchsin frisst die Eier, die sie für ihre Welpen mitgebracht hat, und rollt sich in ihrem Bau ein (vgl. S. 255 f.).

FUNKTION DER FÜCHSIN

b) Es ist ungewöhnlich, dass in einem realistischen Roman fantastische Elemente vorkommen; das Montageprinzip erlaubt es, dass in *Vor dem Fest* ein Erzähler auftritt, der aus der Perspektive einer Füchsin schreibt. Gleichwohl spielt die Tierwelt immer wieder eine Rolle im Text: Schon zu Beginn des Romans wird beschrieben, dass sich die Tiere auf den Herbst vorbereiten, der Karpfen braucht immer weniger Nahrung, Hornissenköniginnen überwintern unter dem Moos, das Hämmern eines Spechts erinnert an die vergehende Zeit (vgl. S. 18). Tiere werden im Dorf als Nutztiere gehalten (Schweine, Hühner), Gölow spendet Schweine für das Annenfest, eines der Tiere wird aber stets verschont. In den Analepsen wird eine Wundererzählung aus dem Jahre 1587 überliefert, in der ein Ferkel mit menschlichem Kopf geboren wird (vgl. S. 70–72), gerade diese Geschichte legt eine Verbindung zwischen der Tierwelt und der Menschenwelt nahe.

　　Die Füchsin vermittelt den Eindruck der äußeren Wahrnehmung des Dorfes, indem sie auf ihrem Weg zu der Dietz'schen Eierbox an zahlreichen Dorfbewohnern vorbeikommt, die sie mit dem ihr eigenen Geruchssinn wahrnimmt. Der Leser erhält so Informationen über eine Figur mittels eines ungewöhnlichen Sinneseindrucks, beispielsweise von Ana Kranz: „Mit dem Aroma des Weibchens sind meistens andere vermengt, die Fähe schmeckt sie gern: Färberwaid und Umbra und Zinnober und Harz. Jetzt kommen hinzu: scharfe Süße vergorener Früchte, Kalium und Mangan von Tränen" (S. 177).

Über diese erweiterte Wahrnehmung hinaus kann die Füchsin ebenso als „Bewohnerin" des Dorfes gedeutet werden, die den Wechselfällen des Lebens ausgeliefert ist; als sie verletzt in ihren Bau zurückkehrt und realisiert, dass ihre Nachkommen vom Wolf gerissen sein müssen, reagiert sie stoisch und ohne Verzweiflung. Das Motto der Haupthandlung, das auf die Stärke des Individuums beim Überlebenskampf setzt, gilt auch für sie. Insofern wird durch sie die Dorfmentalität genauso gespiegelt wie die „Lehre" des Romans.

Aufgabe 2 *
Charakterisierung Anna

a) Erarbeiten Sie eine Charakterisierung von Anna Geher.
b) Interpretieren Sie ihre Figur im Kontext des sozialen Gefüges, in das sie gestellt ist. Ist Anna ein Symbol der Hoffnung? Begründen Sie!

Mögliche Lösung in knapper Fassung:

a) Die achtzehnjährige Anna Geher stammt aus einer alteingesessenen Fürstenfelder Familie, bereut es aber, ihre Kindheit in Fürstenfelde verbracht zu haben (vgl. S. 185), sie ist Abiturientin und wird das Dorf verlassen, um in Rostock Schiffstechnik studieren. Anna wird als furchtlose Frau beschrieben, die sich um Mitternacht aufmacht, um joggen zu gehen, die sich, da sie einen Asthma-Anfall hat, von zwei Unbekannten nach Hause bringen lässt (vgl. S. 105 f.) und die „auch zu bewaffneten Wahnsinnigen ins Auto auf einem Acker mitten in der Nacht" (S. 165) steigt. Dieser „Wahnsinnige" ist Herr Schramm, der mit seinem Wagen aus suizidaler Absicht vorsätzlich einen Unfall verursacht (vgl. S. 108 f.). Anna kümmert sich um Schramm (vgl. S. 119 f.), unterstützt ihn bei seinem Versuch,

CHARAKTERISIE-
RUNG ANNA

1 SCHNELLÜBERSICHT   2 SAŠA STANIŠIĆ:
LEBEN UND WERK   3 TEXTANALYSE UND
-INTERPRETATION

Zigaretten zu bekommen, und bewahrt ihn letztlich vor der Vollendung seines Selbsttötungsversuchs. Der Name „Anna" taucht in „Annenfest" auf, was die besondere Stellung Annas im Dorfe deutlich macht; historisch sind mehrere Träger des Namens überliefert: Eine Vorfahrin, das Mädchen Anna Geher, stirbt 1722 kurz vor dem Annenfeste beim Flachstrocknen (vgl. S. 181); aus dem Jahre 1636 wird von einer mutigen Anna berichtet, die sich alleine gegen marodierende Soldaten stellt (vgl. S. 221).

**INTERPRE-
TIERENDE
EINORDNUNG**

b) Anna ist aufgrund ihrer langen Familiengeschichte ein unverzichtbarer Teil des sozialen Gefüges im Dorf. Ihre Figur steht symbolisch für seine Geschichte und Gegenwart, sie verkörpert gleichzeitig Todesnähe, aber auch Empathie, Gemeinsinn und Aufbruch. Dass sie selbst den Ort verlassen will, macht sie auch zu einem Symbol für das langsame Sterben der Ansiedlung; ob sie zurückkehren wird, dürfte fraglich, aber nicht ausgeschlossen sein. Die Wahl ihres Studienfachs „Schiffstechnik" lässt Verbindungen zum Fährmann und damit zu ihrer Heimat zu, deutet bildhaft durch die Assoziation mit Wasser natürlich auch auf Ferne und Aufbruch hin.

Der Umstand, dass Johann sie als potenzielle Sexualpartnerin ins Auge fasst, legt die Vermutung nahe, dass Anna auch familiär eine Zukunft im Dorfe haben könnte; auch wenn sie vorhat, das Dorf zu verlassen, ist mit ihrer Figur durchaus die Hoffnung verbunden, dass das Leben in Fürstenfelde weitergegeben werden kann; ob sich die Hoffnung bewahrheitet, bleibt im Roman ungesagt.

Aufgabe 3 *
Versionenvergleich des Märchens *Der Ring des Kesselflickers*
und Analyse

a) Vergleichen Sie zunächst inhaltlich die beiden Versionen
des Märchens (vgl. S. 187–190).
b) Stellen Sie begründete Überlegungen für die besondere
formale Gestaltung des Märchens an.
c) Interpretieren Sie das bzw. die Märchen im Hinblick auf
die Gesamtaussage des Romans.

Mögliche Lösung in knapper Fassung:

VERGLEICH DER
MÄRCHEN

a) Die maschinenschriftliche Version lässt sich so zusammenfassen:
Ein alter Kesselflicker (Ort nicht entzifferbar, es ist nicht Fürstenfelde) holt eines Tages Brennholz aus dem Wald. Als er sich auf
dem Rückweg unter einer Kiefer ausruht, entdeckt er einen Apfel und bemerkt beim Hineinbeißen einen goldenen Ring, den er
an seinen Finger steckt. Auf dem Rückweg erschrecken sich eine
Gruppe von Frauen und eine Gruppe von Männern, als er ihnen
mit seinem Brennholz entgegenkommt. Zu Hause angekommen,
macht er Feuer; als er bemerkt, dass die Menschen aus dem Dorf
vor seinem Haus stehen, geht er zu ihnen und fragt sie, was sie wollen, woraufhin alle voller Schrecken davonlaufen. Der Kesselflicker
fragt sich, welchen Grund es für die Reaktion der Menschen geben
könnte. Er legt den Ring ab, geht zum Nachbarn und erfährt dort,
dass die Menschen nur einen Bund Brennholz ohne Träger gesehen haben. Es wird ihm bewusst, dass der Ring unsichtbar macht.
Der Kesselflicker trägt ihn nicht mehr und geht stattdessen seiner
Arbeit nach. Irgendwann aber ist er aus dem Dorf verschwunden
und keiner weiß, wohin er gegangen ist.

Die handschriftlich überarbeitete Version lautet zusammenge-
fasst: Ein armer Kesselflicker namens Jochim, der ohne Familie in
Fürstenfelde lebt und dessen bedeutendster Besitz ein alter Zylinder ist, will im Wald Brennholz sammeln. Auf dem Rückweg über
das verwilderte Feld am Geher'schen Gehöft fällt sein Hut zu Boden, als er ihn aufhebt, findet er einen Apfel darunter. Beim Biss
in den Apfel stößt er auf etwas Hartes, das sich als goldener Ring
entpuppt, den er über den Finger streift. Als er sich auf dem Rückweg mit seinem Reisigbündel einer Gruppe von Frauen und später
einer Gruppe von Männern nähert, die sich jeweils wenig freundlich
über den Kesselflicker äußern, laufen diese erschrocken auseinander. Zu Hause angekommen, macht er Feuer, als er bemerkt, dass
die Menschen aus dem Dorf vor seinem Haus stehen, ihn aber offenkundig nicht sehen können. Es wird ihm so bewusst, dass der
Ring seinen Träger unsichtbar macht. Er nutzt die Fähigkeit des
Rings noch rund ein Jahr lang und versorgt sich mit dessen Hilfe
mit Nahrung; wann er mit welchem Ziel verschwunden ist, weiß
die Geschichte nicht zu sagen.

Der gemeinsame Plot: ein Kesselflicker findet einen Ring, der unsichtbar macht, und verschwindet nach einem Jahr spurlos, wird in
der handschriftlichen Version im Vergleich zur gedruckten Version
leicht verändert. Zum einen wird die Handlung in Fürstenfelde angesiedelt, wo sich die Leute abfällig über den Handwerker äußern,
zum anderen bekommt der Kesselflicker einen Namen, Jochim, und
nutzt den Ring nach der Entdeckung seiner magischen Kraft weiterhin intensiv zum eigenen Vorteil.

FORMALE
GESTALTUNG

b) Das Märchen wird formal als Fiktion einer handschriftlich überarbeiteten Version eines maschinenschriftlichen Textes präsentiert.
Der Text kann im Archivarium des Heimatmuseums lokalisiert werden, wo ihn Johann während seines unfreiwilligen Aufenthaltes fin-

det und liest (vgl. S. 200 f.). Für die Mutter von Johann hat das Märchen offenbar ebenfalls eine Bedeutung, da sie ihren Sohn während ihres paranoiden Schubs mit „Jochim" anspricht und beim späteren Treffen mit Wilfried Schramm und Anna Geher die Ansicht vertritt, sie habe den Kesselflicker Jochim im Keller des Heimatmuseums eingesperrt und die Glocken gesichert. Durch diese enge Verbindung mit dem Heimatmuseum und der Figur Johanna Schwermuth lässt sich die Vermutung begründen, dass es sich bei der überarbeiteten Version um eine von Frau Schwermuth „nachbearbeitete" Version des Originalmärchens handelt. Im Abschnitt S. 200 f. wird deutlich, dass die überarbeitete Version der mündlichen Variante von Johanna Schwermuth entspricht, die sie ihrem Sohn Johann erzählt. Das Dokument wäre somit ein Beweis für die Fälscherarbeit, die Frau Schwermuth leistet.

c) Die veränderten Stellen werfen ein negatives Licht sowohl auf die Bevölkerung, die den Kesselflicker ablehnt, als auch auf den Kesselflicker, der die überraschend gewonnene magische Kraft zur eigenen Bereicherung nutzt. Wenn die Änderungen tatsächlich aus der Hand von Frau Schwermuth stammen, offenbart sich ein pessimistisches, von Egoismus gezeichnetes Menschenbild im Roman.

INTERPRETATION

Aufgabe 4 ***
Funktion der Analepsen

a) Fassen Sie zunächst die wichtigsten Inhalte der Analepsen zusammen.
b) Welche Funktion haben die Analepsen innerhalb der narrativen Struktur und im Hinblick auf den Problemgehalt?

Mögliche Lösung in knapper Fassung:

ZUSAMMEN-
FASSUNG DER
ANALEPSEN

a) Die 22 Analepsen umfassen einen Zeitraum von 1587 bis 1927, einen Schwerpunkt bilden die Zeiträume im 16. und 17. Jahrhundert, sie bestehen aus Berichten über Straftaten (8), historischen Berichten (3), Wundererzählungen (4), einer Legende, einem Unfallbericht, Jagdbericht, medizinischen Bericht, Sportbericht, einem Mythos und einem Bericht über einen Eigentumsstreit. Die früheste Analepse betrifft den Gründungsmythos der Siedlung, der mit dem Teufel in Verbindung gebracht wird (vgl. S. 95–98). Im Bereich von Sage und Legende sind auch die vier Wundererzählungen angesiedelt: die Geburt eines Ferkels mit menschlichem Kopf (vgl. S. 70–72), eine Fülle von Lebensmitteln während einer Hungersnot (vgl. S. 146), sechs Sonnen am Himmel (vgl. S. 199), der Fund außergewöhnlich großer, aber tödlicher Geweihe (vgl. S. 82 f.), wobei alle vier Wundererzählungen auch rational erklärt werden können. Zahlenmäßig großen Raum nehmen die Berichte über Straftaten ein: Pferderaub (vgl. S. 78), Kindsmord (vgl. S. 104), Frauenraub (vgl. S. 116–118), Diebstahl (vgl. S. 136), gewalttätiger Angriff (vgl. S. 141), Mord (vgl. S. 164), Menschenhandel (vgl. S. 158 f.), Prozess gegen Hinnerk Lievenmaul und Kunibert Schivelbein (vgl. S. 202–204). Ein medizinischer Bericht behandelt das Leiden eines am „Wolfshunger" erkrankten Mädchens (vgl. S. 228 f.), historische Berichte befassen sich mit Anna, die im 30-jährigen Krieg die

Dorfverteidigung übernimmt (vgl. S. 220 f.), mit der missglückten
Hinrichtung der beiden Räuber Lievenmaul und Schivelbein (vgl.
S. 306 f.) und den Besuch bei der um ihre Tochter Anna trauernden
Mutter Geher (vgl. S. 215 f.), über deren Tod beim Flachstrocknen
ein Unfallbericht Auskunft gibt (vgl. S. 181). Schließlich findet sich
noch ein Bericht über einen Eigentumsstreit (vgl. S. 129), eine Legende über ein angebliches Stück Holz der Arche Noah (vgl. S. 152),
ein Sportbericht über den neuen Schützenkönig (vgl. S. 244) und
ein Jagdbericht über die Gefangensetzung einer Wölfin (vgl. S. 247).

b) Zur Funktion innerhalb der narrativen Struktur: Ordnet man
die Rückblicke innerhalb der narrativen Struktur der Erzählgegenwart an, so erkennt man, dass die Rückblicke der Tendenz folgen,
„jünger" zu werden, das heißt, dass am Romanbeginn eher auf Ereignisse aus dem 16. Jahrhundert zurückgegriffen wird, während
zum Ende hin eher Geschehnisse aus dem 18.–20. Jahrhundert thematisiert werden. Blickt man auf die Verteilung der verwendeten
Textgattungen, so kann man feststellen, dass das 16. Jahrhundert
überwiegend durch Berichte über Straftaten und einige Wundererzählungen vertreten ist.

**FUNKTION DER
ANALEPSEN**

Einen erzählerischen Rahmen stellt das Motiv des Scheiterhaufens her: Bereits auf S. 28 wird erwähnt, dass die Errichtung des
Scheiterhaufens zu den Vorbereitungen des Festes gehöre und dass
man auf die Statik ein besonderes Augenmerk richte, da es 1599
einmal ein Unglück gegeben habe, in dessen Verlauf sich das Feuer auf benachbarte Häuser ausgebreitet habe und zwei Räuber, die
hingerichtet werden sollten, fliehen konnten. In der 22. Analepse
(S. 306 f.) wird dieses Ereignis aus dem Jahre 1599 erzählt, es wird
auch erzählt, dass der Fährmann die beiden Räuber ans andere Ufer
gebracht habe – beide haben überlebt und scheinen als Q und Henry
in der Erzählgegenwart aufzutauchen; auch die Glocken befinden

sich wie seinerzeit am Tiefen See. Am Ende des Romans wird der Scheiterhaufen entzündet. Der Scheiterhaufen wird im Roman somit zum einen als Instrument der Hinrichtung verwendet, an diese Verbindung mit dem Tod schließt sich zum anderen die Symbolik an, die der Scheiterhaufen annimmt, wenn er auf dem Annenfest den Abschluss mit Vergangenem und die Bereitschaft zu einem neuen Anfang symbolisiert.

Die Funktion der Analepsen, die aus Sagen, Mythen, Wundergeschichten und Berichten bestehen, besteht zum einen in der Erhellung der Dorfgeschichte, zum anderen wird die Verbindung zwischen Geschichte und Gegenwart durch die Erwähnung von Namen (Anna) und Figuren (Lievenmaul und Schivelbein) hergestellt; zum Teil haben die Analepsen aber auch eine vorausdeutende Funktion: Die 19. Analepse erzählt von einem Mädchen mit „Wolfshunger", in der 21. Analepse wird eine trächtige Wölfin erlegt, schließlich ist es ein Wolf, dem die Fuchswelpen zum Opfer fallen (vgl. S. 255 f.). Darüber hinaus ist es naheliegend, dass der kollektive Wir-Erzähler sich bei der Wiedergabe der Rückblicke im Archiv des Heimatmuseums bedient; da Frau Schwermuth wohl auch historische Texte „produziert", steht der historische Wahrheitsgehalt der Rückblicke in Frage. Der dokumentarische Anspruch ist nur vorgeblich, eher wird in postmoderner Weise fiktional gespielt. Gleichwohl erfüllen die Analepsen ihre Funktion im Hinblick auf den Problemgehalt des Romans (Stichwort: „Überleben"), indem sie die Widrigkeiten aufzeigen, mit denen das menschlichen Leben konfrontiert ist.

LITERATUR

Zitierte Ausgabe:
Stanišić, Saša: *Vor dem Fest.* München: btb, 2015.

Weitere Quelle:
Eich, Günter: *Inventur.* In: Dietrich Bode (Hrsg.): *Deutsche Gedichte.* Stuttgart: Reclam, 1984, S. 314.

Sekundärliteratur:

Ackermann, Irmgard: Artikel *„Migrantenliteratur"*. In: *Metzler Lexikon Literatur.* Hrsg. von Dieter Burdorf, Christoph Fasbender, Burkhard Moennighoff. 3. völlig neu bearbeitete Aufl. Stuttgart, Weimar: Metzler 2007, S. 498 f.

Andre, Thomas: *Ostdeutsche Provinz: Null Kneipen, aber Sterni mit Schnittchen.* In: „Spiegel Online" vom 06. 03. 2014; abrufbar unter: http://www.spiegel.de/kultur/literatur/sasa-stanisic-vor-dem-fest-a-955575.html (Stand April 2018).

Biller, Maxim: *Letzte Ausfahrt Uckermark. Warum ist die deutsche Gegenwartsliteratur so unglaublich langweilig?* In: „Zeit Online" vom 20. 02. 2014; abrufbar unter: http://www.zeit.de/2014/09/deutsche-gegenwartsliteratur-maxim-biller (Stand April 2018).

Detken, Anke: Artikel *„Montage"*. In: *Metzler Lexikon Literatur.* Hrsg. von Dieter Burdorf, Christoph Fasbender, Burkhard Moennighoff. 3. völlig neu bearbeitete Aufl. Stuttgart, Weimar: Metzler 2007, S. 512.

Gutmair, Ulrich: *Weltgeschichte im Kleinsten: Die Preisjury der Leipziger Buchmesse entschied sich für den Schriftsteller Saša Stanišić, den Übersetzer Robin Detje und den Essayisten Helmut Lethen.* In: „taz" vom 13. 03. 2014, S. 16; abrufbar unter: http://www.taz.de/Archiv-Suche/!5046539&s=ulrich+gutmair/ (Stand April 2018).

Knipphals, Dirk: *Die Erweiterung des Hier und Jetzt. Per Leo, Katja Petrowskaja, Saša Stanišić – Die literarischen Außenseiter erobern das Feld. Von Langweile, wie sie der deutschen Gegenwartsliteratur unterstellt wurde, ist dort keine Spur zu finden.* In: „taz" vom 11. 03. 2014, S. 15; abrufbar unter: http://www.taz.de/!381831/ (Stand April 2018).

Maček, Amalija: *Balkanbilder bei Saša Stanišić und Catalin Dorian Florescu.* In: Slavija Kabić (Hg.): *Mobilität und Kontakt.* Deutsche Sprache, Literatur und Kultur in ihrer Beziehung zum südosteuropäischen Raum. Zadar: Sveučilište u Zadru, 2009, S. 347–354.

Müller, Lothar: *Wir fahren übern See, übern See. „Vor dem Fest" von Saša Stanišić.* In: „Süddeutsche Zeitung" vom 10. 03. 2014, S. 12; abrufbar unter: http://www.sueddeutsche.de/kultur/vor-dem-fest-von-saa-stanii-wir-fahren-uebern-see-uebern-see-1.1911969 (Stand April 2018).

Quilitzsch, Frank: *Zu nachtschlafener Zeit können Helden nicht immer Helden sein. Der famose und mit liebenswertem Humor gewürzte Roman des Leipziger Buchpreisträgers Saša Stanišic.* In: „Thüringische Landeszeitung" vom 12. 04. 2014, S. 31; abrufbar unter: http://www.tlz.de/web/zgt/kultur/detail/-/specific/Zu-nachtschlafener-Zeit-koennen-Helden-nicht-immer-Helden-sein-897374908 (Stand April 2018).

Schmidt, Christopher: *Leipziger Buchpreis 2014 für Saša Stanišić. „Probebohrung in der deutschen Geschichte".* In: „Süddeutsche Zeitung" vom 13. 03. 2014; abrufbar unter: http://www.sueddeutsche.de/kultur/leipziger-buchpreis-fuer-saa-stanii-probebohrung-in-der-deutschen-geschichte-1.1912068 (Stand April 2018).

Schröder, Christoph: *Die Füchsin von Fürstenfelde. Auch in der Uckermark lässt sich also die Welt entdecken. Der brillante Roman*

„Vor dem Fest" von Saša Stanišic wirft eine Frage auf: *Darf man einem Autor vorwerfen, dass er weiß, wie gut er ist?* In: „taz" vom 12. 03. 2014, S. 1–2; abrufbar unter: http://www.taz.de/!381383/ (Stand April 2018).

Hörbuch:
Stanišić, Saša: *Vor dem Fest.* München: Der Hörverlag, 2014
→ vorgelesen vom Autor.

Hörspiel:
Stanišić, Saša: *Vor dem Fest.* Regie: Judith Lorentz. München: Der Hörverlag, 2015.

Theaterstück:
Vor dem Fest. Inszenierung: Martin Nimz. Dramaturgie: Nina Steinhilber. Uraufführung am Mecklenburgischen Staatstheater am 22. 09. 2017.

Internetadresse:
www.kuenstlicht.de (Stand April 2018) → Informationen zum Roman und anderen Projekten des Autors

STICHWORTVERZEICHNIS